U-30
Under 30 Architects
exhibition

2010年開催の様子
2010.09.29 - 2010.10.11

2011年開催の様子
2011.09.09 - 2011.10.10

君は一人の生活者として建築を考えているか
ー建築を志す若い人々へのメッセージー

　３.１１の震災後、私は被災地に「みんなの家」をつくろうという呼びかけをしている。
　「みんなの家」は津波等で家を失った人々が集まって食事をしたり、語り合えるささやかな、しかし心和む家である。震災直後に５人の建築家によって形成された帰心の会（内藤廣、妹島和世、山本理顕、隈研吾、私）が中心となって内外の企業や個人から寄附を募ったり資材提供を受けて、既に３軒の「みんなの家」が完成した。
　昨年秋、仙台市宮城野区に実現した「みんなの家」第１号も仮設住宅地内に建てられた木造切妻屋根の小さな家である。４０㎡程の広さだが、そこには縁側もあるし、薪のストーブや置き畳もある。十数名の人々が一緒に食事のできる大きなテーブルもある。
　建築的に見ればごくごく普通の家である。建築雑誌にしばしば登場するような、白い抽象的な空間でもないし、構造的には特別な新しさがある訳でもない。
　しかしその普通さが仮設暮らしの人々にとっては居心地良く感じられるのである。彼らは室内の木の香りや明かりの暖かさ、そして真っ赤に燃える薪のストーブに涙を流して感激する。狭小で素っ気ない仮設住宅では決して味わうことのできない「家」を感じるからである。家を失った人々にとっては、建築としての斬新さなどは嬉

Toyo Ito

しくもないし何の魅力もない。どんなに小さくても暖かく懐かしい家が戻ってきたと感じられることが重要なのである。

　だから「みんなの家」プロジェクトには、単に建築家による被災地支援以上の大きな意味がある。建築家にとって、建築をつくる、とは一体何なのか、建築家は一体誰のために建築をつくるのか。私がこのところ言い続けている建築をつくることの最も初原的で、最も本質的な問いかけに対する答えが、この小さなプロジェクトに潜んでいるように思われるのである。

　多くの建築を志す若い人々は、プロジェクトをつくる時にコンセプトが最も重要だと考えている。学内の講評会でも、卒業設計のコンクールでもコンセプトの良し悪しばかりが論ぜられる。だがその多くは建築家だけにしか通用しない閉ざされた世界の論理ではないのか。社会という言葉も、コミュニティという言葉も、具体的で血の通った人々には理解不能で抽象的な言葉としか感じられないのではないか。無意識のうちに生活者としての自分と建築家としての自分は別の人間になってしまっているのである。

　もっと一人の生活者として建築を見つめ直すこと、いま被災地の人々と対話しながら建築を考えることは、そのような意味でまたとない機会のように思われる。

伊東豊雄（建築家）
Toyo Ito

1965年東京大学工学部建築学科卒業。日本建築学会賞、ヴェネツィア・ビエンナーレ「金獅子賞」、王立英国建築家協会（RIBA）ロイヤルゴールドメダル、高松宮殿下記念世界文化賞など受賞。

U-30

Under 30 Architects exhibition 2012
30歳以下の若手建築家7組による建築の展覧会

2012年9月7日（金）- 2012年10月6日（土） 10:00 - 18:00
［24日間］日曜・祝日休館　※9月29日のみ20:30まで開場

ODPギャラリー
〒559-0034　大阪市住之江区南港北2-1-10
アジア太平洋トレードセンター（ATC）ITM棟10階
ODP（大阪デザイン振興プラザ）

主　　催	特定非営利活動法人アートアンドアーキテクトフェスタ
後　　援	大阪市　財団法人大阪デザインセンター　公益財団法人大阪市都市型産業振興センター
助　　成	公益財団法人朝日新聞文化財団　公益財団法人大阪コミュニティ財団　公益財団法人芸術文化振興基金　公益財団法人野村財団　独立行政法人日本万国博覧会記念機構　財団法人ユニオン造形文化財団
特別協賛	旭硝子株式会社　AGC studio
協　　賛	大和リース株式会社　株式会社 資生堂　日本管財株式会社
会場協力	アジア太平洋トレードセンター株式会社
展示協力	株式会社インターオフィス　株式会社目黒工芸
特別協力	大阪デザイン振興プラザ
展示構成	株式会社平沼孝啓建築研究所

www.u30.aaf.ac

もくじ

002-003	2010年開催の様子	024-025	出展者略歴	090-091	展覧会会場の様子2
004-005	2011年開催の様子	026-033	能作文徳　能作淳平 9 projects	092-093	記念シンポジウム概要
006-007	伊東豊雄（建築家） 特別寄稿｜君は一人の生活者として建築を考えているか	034-041	久保秀朗 Roof Top Community Project		スポンサー
008-009	展覧会概要｜もくじ	042-049	関野らん 新たな葬送のための墓地	094-095	木原幹夫（旭硝子株式会社） 開催にそえて
010-011	開催にあたって	050-057	小松一平 擁壁から建つ家	096-097	森田俊作（大和リース株式会社） 開催にそえて
012-013	展覧会会場の様子1	058-065	倉方俊輔（建築史家） インタビュー｜U-30 建築家 座談会	098-099	展覧会会場の様子3
014-015	五十嵐淳（建築家） 寄稿	066-073	米澤隆 パラコンテクストアーキテクチャー	100-101	平沼孝啓（建築家） あとがき｜開催の軌跡
016-017	五十嵐太郎（建築評論家） 寄稿｜僕がU-30だった頃	074-081	増田信吾　大坪克亘 躯体の窓		
018-019	谷尻誠（建築家） 寄稿	082-089	海法圭 米屋プロジェクト		
020-021	平田晃久（建築家） 寄稿｜最近気になっていること				
022-023	藤本壮介（建築家） 寄稿				

開催にあたって
AAF アートアンドアーキテクトフェスタ

　本展の企画をはじめた 2010 年当初は、NPO 法人としての活動をはじめた初年度だったこともあり、単年度のみ企画の予定で、継続的な開催は考えていませんでした。むしろ、初めての開催という試みということもあり、何とかして成功をさせねばならないと出展者と共に必死だった。しかし、これまで脚光をあびることのなかった 20 代の若手建築家たちの新鮮な発想力と、人にとって豊かな空間のあり方を模索しながらひたむきに建築と向き合う様は、来場いただいた皆様からの共感をいただき、初年度だけでは来場者数の目標成果は実らなかったものの、予想以上に大きな反響を得ることができました。

　そして昨年開催しました第 2 回目（2011 年）では、出展建築家の半数を一般公募によって選出したことで、まだ知られていない才能をもった若手の建築家に出会うきっかけとなりました。結果的には、海外で意欲的に活動する若手建築家の出展も決まり、国内にとどまらず、グローバルな視点をもつことができたように感じています。また、昨年の同展開催では、初年度の後にはじまった効果から、3,000 名という予想をはるかに超えるたくさんの皆様にお越しいただき、各方面から話題となった批評

をいただけたことから、本年も引き続き「U-30 Under 30 Architects exhibition 2012」を開催する機会に恵まれました。

　いよいよ第3回目となる今年。

　2012年を迎えることができた本展覧会では、あらためてこの展覧会の意義を問い直します。

　建築家は工学的な知識と芸術的な感性を必要とする高度な職能であることから、40代でもまだまだ若手と称されることもあり、一人前になるには相当の年月を必要とします。当然、20代という年代では仕事の依頼も少なく、厳しい道のりを乗り越えていかなければいけなりません。そのようなことを承知の上で、早い時期から独立して活動をはじめたU-30の建築家たちは、将来の可能性が最も大きく、これからの時代を牽引していく存在として大いに期待できるのではないでしょうか。

　本年は、昨年から引き続き出展する3組（海法圭、増田信吾＋大坪克亘、米澤隆）に加えて、残りの4枠を公募で募集することにいたしました。昨年にも増してレベルの高い、多くの応募をいただき、選考に大変難航しました。そのような高い競争率を勝ち抜いて出展を決めた4組（久保秀朗、小松一平、関野らん、能作文徳 能作淳平）は、私達に新しい建築の可能性を示してくれるものと期待しています。

　2011年3月に起こった東日本大震災を機に、建築家のみならず、多くの人びとがこれからの未来の環境について考え直すようになりました。原発の問題なども重なり、復興には長い年月がかかることが予想されます。このような状況の中で、これからの建築界を担っていく最も若い世代の建築家たちが集い、それぞれに独自の思考によって模索する建築の可能性を示す場をつくることが、本展覧会の大きな意義だと感じています。そしてシンポジウムでは、世代を超えた建築家同士が互いに建築の未来についての考えを示し、語り合えるこのような場から、次の時代を切り開いていくための手がかりを得る機会となることを願っています。

　この展覧会を通して、皆様にこれからの建築の未来への可能性を感じていただければ幸いです。

　最後になりましたが、展覧会の実現にあたり、ご協力いただきました関係各位のご厚意に対し、心より御礼を申し上げます。

2012年9月7日

U30の皆さんへエールを送れるような立場でも無いので、僕の20代を思い出しながら回想録を書いてみたいと思います。

　専門学校を卒業し、就職したのが20歳の時でした。学生時代、設計は好きでしたが、法規や構造は嫌いで、あまり授業に出なかったりと、不真面目に過ごしていましたが、ハッキリと設計事務所で働きたいと考えていました。

　就職活動が始まり先生に相談すると「あなたに紹介出来る事務所はここくらいです」と指定された事務所に就職しました。その事務所がどんな業務をしているのか、全く知らずに働き始めました。その事務所はハウスメーカー数社のコンサルタントを主な業務にしていました。僕は設計の実務を学ぶ事が出来れば、どんな事務所でも良いと考えていたので、ハウスメーカーという、最も違和感のある建築の設計ではありましたが、毎日毎日、手描きで図面を書く日々が始まりました。

　先ずは展開図などの簡単な図面から描かせてもらいました。2年くらい経つと一通りの図面を描ける様になりました。それまでは図面を描けるようになることに必死な日々でしたが、描けるようになってからは、精神的に余裕ができ、ハウスメーカーが作る建築への違和感の「訳」を考えるようになったり、同時に自分がどんな建築を作りたいのかを考え始めるようになりました。また幸い、その事務所には新建築などの雑誌のバックナンバーが多くあり、必死で読んでいたのを思い出します。専門学校には残念ながら図書館が無く、バックナンバーを目にする機会が無かったので、事務所にあった雑誌たちは僕にとって、宝物ような存在でした。何度も繰り返し、数十年分を見ていると、ハッキリと自分の好みというか心地良いと感じるものや、理屈ではなく自然に身体に染込んでくるような感覚になる空間のワンシーンや図としての平面や断面と出会ったりしていきました。

　そんな生活を約5年くらいし、事務所を辞める事にしました。理由としては違和感のある建築にこれ以上関わることが辛かったからでした。しかしこの事務所で学んだ、一般的には「フツウ」とされている建築を深く知ることが出来た事は、新しい建築を考える上でとても重要な事だと、30代になってから気が付きました。

　事務所を辞めた頃、実家の工務店の社屋建て替えの話が持ち上がり、僕は頼まれる訳でもなく勝手に設計を始め積算をし、父親にプレゼンし3案目でOKを頂き、初めての実作の設計に取り組む機会を得ました。とにかく良い建築を作りたい一身で図面や現場に挑みました。その日々は大変なことも多々ありましたが、しか

し自分が描いた図面の建築が建ち上がっていく光景は何とも言えない興奮と感動がありました。そうして現在も使用している建物が完成しました。

　自分で設計した建物に事務所を置かせてもらい、設計事務所を設立しました。と言っても仕事は無く、暇で孤独な日々が始まりました。自分が持っている数少ない本を毎日、繰り返し読んだり、妄想の建築を頭の中で延々と作り続けていました。工務店の仕事を手伝ったりもしました。設計から積算、そして現場監督まで全ての業務を経験しました。

　20代前半は「フツウ」の建築を濃密に学び、20代後半はリアルに建築が建ちあがる瞬間の生々しさ全てを経験しました。同時に過去の素晴らしい建築を膨大に学ぶ時間でもありました。

　29歳になり、心底良い建築を作りたいと思うようになり、誰も設計を依頼してくれないので自邸を建てようと思い、「矩形の森」の設計を始めました。完成したのが30歳の時でした。

　20代の頃、仕事内容や自分が置かれている状況にとても不満がありましたし辛い日々でした。30代になり40代になり、辛く暇だった20代に過ごした時間が如何に大切だったのかを痛感している今日この頃です。

Jun Igarashi

五十嵐淳（建築家）
Jun Igarashi

1970年北海道生まれ。97年五十嵐淳建築設計事務所設立。名古屋工業大学非常勤講師。オスロ建築大学客員教授(12年)。著書・「五十嵐淳／状態の構築」(11年 TOTO出版)など。主な受賞・吉岡賞、JIA新人賞など。

僕がU-30だった頃

　卒業設計をやっている頃、すでに建築史の研究室に所属してはいたが、まだ建築家にもなりたいと思っていた。しかし、実際に卒業設計をやってみて、大学の推薦でレモン画翠の優秀卒業展にも出品することになったが、自分はどうやら人に比べて、デザインよりも、物語をつくることの方がうまいと気づいた。東京湾に人工島の原子力発電所をつくり、それが30年程稼働した後、石棺となり、数千年残るモニュメントになるというプロジェクトだったからである。2011年の東日本大震災の後では、福島の原発事故が起こり、それがあまり夢物語に思えなくなってしまったが、今から約20年前、スクラップ・アンド・ビルドの激しかったバブルの頃、どうやったらピラミッドのように永遠に残るモニュメントがつくれるのかという問いに対する自分なりの回答だった。

　近年、卒計イベントが増え、毎年多くの学生の卒業設計を見るようになったが、うまいデザインはいっぱいあっても、物語のレベルですごいなと思うものはほとんどない。だから、卒業設計を精一杯やって、自分は何が得意なのかがわかったというのは大きな収穫だった。今思えば、これは建築史の研究に進もうと、強く思うようになったきっかけである。

　そして大学院に入り、生産研の原広司研究室のメンバーといろいろな活動をやるようになり、『エディフィカーレ』という同人誌を制作するようになって、自分の立場がはっきりしてきた。一緒に雑誌をつくっていた南泰裕や槻橋修らは、建築家をめざしている。相対的に自分は何者か、と考えるようになった。やはり、文章を書く側だろう。また当時はそれほど、現代建築に詳しいわけではなかったが、彼らとよく語る機会が増え、現代建築のいろいろな情報が入るようになった。エディフィカーレのメンバーとは展覧会も企画している。

　現在、僕の仕事のほとんどは建築史の研究というよりも、現代建築の批評や展覧会の企画だ。これらの出発点になったのも、大学院のときの出会いだろう。東京大学の本郷がなんとなく中心だとすれば、僕たちがいた駒場の研究室と六本木にあった生産研はそこから外れた場所だったが、先輩の代から活気があった。おそらく周縁という意識が、なにか外に向けて積極的に動こうという雰囲気をもたらしていたように思う。

　原研のメンバーに誘われ、『SD』の海外建築情報の会合に出るようになり、そこで塚本由晴ほか、1960年代生まれの当時若手建築家たちと面識をもつようになった。

　博士課程の頃は、すでに幾つかの雑誌で寄稿するようになってい

た。当時、もっとも思い出深いのは、大量の数の読書会をまわしていたことである。建築史の研究論文、古典的な名著、都市論、未邦訳文献、現代思想の本など、タイプを変えて、5つ、6つを同時並行でやっていた。今は忙しくなって、残念ながら自由に本を読む時間がほとんどない。仕事の関係で必要な本を読むことがメインだ。U-30のときに膨大な本を読んでいたことは、大きな財産になっている。

僕が博士号を取得したのは、2000年。30歳を越えていた。5年間博士課程に在籍し、さらに3年間研究生をやって、ようやく博士論文を出したから、足かけ8年もかかっている。同期はとっくに会社で働きだし、教職に就いていた人もいた。しかし、僕はまだ授業料を払い続ける学生だった。1985年に入学し、15年間も続いた学生生活。焦らなかったと言えば、嘘になるだろう。だが、今にして思えば、日々の業務に追われることなく、いくらでも本を読むことができる、素晴らしい時間があったU-30の学生時代を過ごしたからこそ、現在の自分がある。

初めて単著を刊行したのは、2001年。33歳になっていた。

Taro Igarashi

五十嵐太郎（建築評論家）
Taro Igarashi

1967年パリ（フランス）生まれ。92年東京大学大学院修士課程修了。博士（工学）。東北大学教授。11回ベネチア・ビエンナーレ国際建築展日本館展示コミッショナーを務める。

17

思い返してみれば30代はつくることに必死だったように思う。
　建築家になる夢を持っていたわけでもないのに、ただ自由になりたくて26才で事務所を始めたものの、もちろん仕事があるわけでもなく毎日あてもなくふらふらしていた。下請けをしながら、生きていけば良いくらいの安易な考えで、大してなにが出来るわけでもないのに生意気に提案してみては、期限もろくに守れない、本当にどうしようもない時期だった。次第に下請けの仕事もなくなり、学生時代にアルバイトをしていた焼き鳥屋で生計をたてていた。
　そんな日々が続いたけれど、ただ人にだけは恵まれていて、知人の紹介で徐々に、内装の仕事や、住宅の設計を頼まれるようなり、その頃はつくり方も、つくりたいものも解らなかったけれども、がむしゃらに作り続けたし、作る事にただただ貪欲だった。目の前にあることをこなす事で精一杯で、コンセプトをたてるなんてことはとうてい出来る状況ではなかったが、つくることでつくり方を覚えたし、つくることで作る意味を少しずつだけれども考える様になっていった。
　僕には師匠がいなかったが、工務店の社長や職人さんたちが、しきりに僕に問いをたててくれたことが今の自分を形成していると言っても過言ではないように思う。なぜこの形なのか、なぜこの寸法なのか、なぜこの納まりなのか、多くの問いに答えていくことで、だれのために、何をどうするのかということを考えることの大切さが、理解できるようになった。クライアントが2人いるようなやりとりが常にあり、クライアントと工務店の社長にプレゼンしないとつくってもらえないような状況で、大変ではあったけれども、それが建築をつくることの面白さに繋がっていった時期だった。
　建築をつくっていく歓びとは裏腹に、大学に行ってない事や、アトリエ事務所に勤務したことがないことが常にどこかでコンプレックスだったし、建築雑誌をみては憧れがますばかりで、自分とは違う世界だと、どこかで勝手に決めつけていた。
　そんな時、工務店の社長が僕にこんなことを言ってくれた。「建築は好きか」と。建築を好きな気持ちが、どこの誰よりも負けないことが、そんなコンプレックスよりも大切だと。その言葉をもらったことで、どこか開放され、誰かと比べるのではなく、自分らしく建築に向き合えば良いのだと心から思えたし、建築に向き合う覚悟が出来た。
　よく考えてみれば、学生時代にバスケットをやっていたころも体格では劣っていても自分らしいプレーについて考えていたわけで、それ以来自分の過去の経験と建築が結びつきはじめ、より建築の虜になっていった。バスケットの練習中に相手の取りやすいパスをだすと、よく監督に怒られていた。相手の取りやすいパスではなく、相手がとりにいきたくなるパスを

出せと言われていたことが、建築に置き換えてみれば、建築の未来をつくっていくことの大切さに結びついたし、ボールのないところのプレーを意識しろと言われていたことも、建築では敷地以外のことを考えることに繋がった。まるで自分の人生が建築と重なりつつある自分が今はいる。

　今年で事務所をはじめて12年目になる。こうやって文章を書くことで、自分を振り返ってみることができた。多くの方々から問いを与えられていた自分が、いまでは気づくと自らが問いをたてながら建築に向き合っている。問題解決しかできなかった自分が、問題提議することを学び、自分の身の回りにいた人たちが、自分の人生観を育て、そして建築への向き合い方を僕に教えてくれていたように思う。わかってはいても、つい経験や知識が邪魔をし始める。20代とは、そんな経験や知識が自分の思考を邪魔することなく純粋に建築について考えることが出来る時期だったのではないだろうか。

　U30、僕にとってみなさんは、できすぎているようにも見える。それは羨ましく思うと同時に、危うさも感じる。上手くなるなとは言わないけれども、経験や知識がなかったころの直感という純度の高い思考の大切さを知ってほしいと思う。

　そんな事を考えながら、自分自身も直感と論理の先にある、これからの建築について考えていきたいと心から思う。

Makoto Tanijiri

谷尻誠（建築家）
Makoto Tanijiri

1974年広島県生まれ。00年サポーズデザインオフィス設立。THE INTERNATIONAL ARCHITECTURE AWARD（アメリカ）、AR Award commendation（イギリス）、JCDデザインアワードなど他、多数を受賞する。

最近気になっていること

　これからの建築について考えるときに、最近特に気になっているのは、「個」ということの問題だ。問題の系列は、だいたい次の３つだ。一つ目は、「個性」とか「作家性」の問題。二つ目は単体としての建築とより大きなひろがりの問題。最後に「意識」の問題。

　最近、伊東豊雄さんの監修で、僕を含む３人の若い建築家で陸前高田の「みんなの家」を共同設計した。一つ目の話には、このことが関係している。プロジェクト発足当初、伊東さんは「個によって個を超える」とおっしゃっていた。正直言って、当初僕たちは当惑気味だったのだが、振り返ってみれば、けっこう不思議な経験をしたと思っている。被災地の状況に巻き込まれる中で、その状況でなければ生まれない、そして自分たちが介在しなければ生まれないものが、できつつあるからだ。それぞれの個性が様々な形で入り込んだ、雑多だが、何とも言えない豊かさをはらんだものになりそうなのだ。

　こういう話に率直な反発を覚える人も、いることだろう。しかし今なら、そういう反発のうち、比較的素朴なものについては、クリアに応答できる気がしている。もちろん、自分にとってすべてがクリアになったわけではない。

　大体、僕自身、自分の活動の中で「作家性」とか「個性」というものを目標にしたことはなく、むしろ、「自分」という存在が消えてしまうような、より大きな秩序へのつながり方を「発見」することこそ関心事だったのだから。そしてそれは、「個性」オリエンテッドな建築家のあり方や、それに反発しつつ結局は狭い建築の文脈にとらわれている議論の、双方に向けられた批判でもあったのだから。それに、陸前高田での経験があったからといって、明日から個人としての活動をやめる、という話でもない。もう少し違うことが示唆されているような気がしていて、それは未だにポジティブな謎なのだ。

　もう一つは、単体の建築という意味での「個」の問題だ。建築家は、基本的には単体の建築を設計している。しかし、自分たちが設計している建築が、単なる特殊な点に終わるのだとしたら残念だと、多くの建築家が思っている。点としての個性を競い合っても、単なるゲーム的な状況になってしまう。海外からも注目を集める日本の建築の状況は、このことを先鋭的に示しているように見える。

　しかしここでも、個別の建築がなくなるといいたいわけではない。個というものは残り続けるとしても、それらの集合として生まれる「場」のようなものと、個別の試みがどのように関係するか、ということに対する知見が求められているのだろう。

　特に自然の流れや環境とからみ合うような建築を考えようとするとき、原理上は個別の境界というものはないはずで、単体の建築を巡る問題意識は、もっと大きなひろがりと関係せざるを得ないはずだ。それは都市、と呼ばれるものかもしれないし、もっと自然環境のようなものも含めた、いままで明確には名付けられていないひろがりのことなのかもしれない。

コンピューターを駆使したシミュレーション技術の発達は、外部に拡がる流れとからみ合う建築を考える我々の直感力を、押し広げるような気がしている。シミュレーションが万能だというのではなく、要するにそうした技術による新しい直感、そしてそれが切り拓く新しい建築のイメージが大事だと思っている。

　こういう「場」とか「群れ」のようなものを考え始めると、自分たちが明確に意識していることと、はっきりとは意識していないこと、あるいは無意識のようなものに話が及ぶ。

　建築を設計するということは、当然、意識的な行為だ。しかしその背後にうごめいているものに建築がどこまで近づけるか、それが固い殻を持った個のイメージを乗り越えることと大きく関係しているのではないだろうか。

　そこにはコンピューターが介在した技術も当然関係してくるだろう。しかし技術の問題に加えて自分たちが建築をつくるときに前提としている枠組みというか、「建築」の「設計」とはこういうものだ、と思っている前提のようなものの改変と関係があるような気もしている。陸前高田での出来事が示唆していたのはそういうことかもしれない。

　この先、建築はかなり変わっていくのかもしれない。そうだとしたら、とても楽しみなことだと思う。

Akihisa Hirata

平田晃久（建築家）
Akihisa Hirata

1971年大阪府生まれ。97年京都大学大学院修了。97-05年 伊東豊雄建築設計事務所。05年 平田晃久建築設計事務所代表。08年 JIA新人賞、12年エディータデザインアワードグランプリなど他多数を受賞する。

今年も U30 のイベントに招待いただいた。これは大変光栄なことなのだけれど、４０歳を過ぎた僕としては、なんとも複雑な心境ではある。U30 に参加している若手建築家からすれば、１０歳以上年上の僕たちは、たぶん、上の世代で偉そうにしているが、本当に実力があるのかどうかまだはっきりせず、そのくせいろいろ偉そうなことをいって若い世代の行く手を阻んでいる嫌な奴らなのではないだろうか？　そこまで言わないとしても、たぶん僕たちの建築に対してはある種の反発を持ちながら、それとは違う何かを模索しているところなのではないかと思う。そしてたぶん真実は、特に何も感じていない、ということかも知れない。
　僕が３０歳前後のころは、上の世代との交流を暖め、というようなことはあまり考えておらず、俺の時代は俺が切り開いてやるぜ、と粋がっていた気がする。というか、粋がっていると言っても自分１人でそう思っているだけで、でもとくに何が出来ていた訳ではなく、当然なんの実績もなかったのだから、周りから見たらただの誰でもないやつだったのだが。でもそういう意気込みは、今の U30 の皆さんにも密かにあるのではないかと思う。それをわざわざこうやって機会を設けてニコニコと交流をあたためて、その毒を無害化してしまって良いものか、という気もする。
　もちろん、上記のように粋がってはいたものの、実は僕自身も多くの先輩方にお世話になって、というか、ほとんどすべて上の世代の方々の計らいのおかげで、大学で教える機会があったり、講演会に呼んでいただいたり、プロジェクトに呼んでいただいたり、ということから少しずつ建築家としての経験を積み重ねることができた訳で、だとすると僕たちもこれからの世代に対して、そういう責任を意識していかねばと思うのである。
　海外でのインタビューでよく驚かれることは、日本の建築家は世代世代でしっかりと関係が受け継がれているということだ。多少乱暴なくくりではあるけれど、たとえば丹下―磯崎―伊東―妹島、というような流れが、彼らからすると驚きなのだ。海外では断絶しかないらしい。もちろん上記以外にもさまざまな流れが網の目のように重なり合って、日本の建築家の層の厚さをつくり出していることは驚異的で、このイベントはその意味でも意義深いものになるであろう。明日の妹島さんを見いだす責任が全ての参加者に課されているのだと思うと、わくわくする。
　今回は、まああまり歳が離れてもいないのだから（皆さんから見たら遥かに離れているのかもしれないが）世代などは関係なく、それぞれの建築家のビジョンを語り合えたらと思う。結局のところ、僕たちも含めて、それぞれの建築家が何を想像し、どんなイマジネーションで建築の未来を切り開こうとしているのか、どんな社会を創造しようとしているのか、それがただ問われているのだ。そうやって語り合って、結局それぞれ違うよね、で終わってしまうのか、それともそこに奇跡的な共鳴が起こって、新しい何

かが垣間見えるのか、それは分からないが、とても楽しみだ。

　僕自身に関して言えば、僕は最近は、都市と建築の間、あるいは、身体から家具的なスケール、そして建築、都市、インフラストラクチャー、ランドスケープへと横断していく多様なスケールの連続性に興味を持っている。また自然物と人工物の境界、内部と外部の境界を越えて解け合っていく建築に興味を持っている。あるいは過去と未来とを繋ぎ合わせていく連続性に惹かれている。それを僕は、さしあたり「森のような建築」と呼んでいる。さまざまなスケールのモノたちが多様に共存し、複雑な全体を作り上げ、従来の建築とか都市とか家具とか自然とか人工とかいった分類の意味がなくなるような、統合体としての社会環境を作ることができれば、それは豊かな何かなのではないかと思うのだ。

　そんな僕自身のヴィジョンは、僕がたまたま今考えていることだというよりも、数えきれないほどの幾つものすばらしい風景や建築、そして無数の会話や知との出会いを通して、20年をかけて徐々に湧き上がり続けているものだ。だから思考は今も刻々と変化し、成長していて、そして次のU30での出会いによって、また少し、この思索の連なりが刺激を受け、変化するはずだ。僕が皆さんに何かを与えられるかは自信がないが、僕は何かを受け取るに違いない。

　皆さんの作品とヴィジョンに出会えることを楽しみにしています。

Sou Fujimoto

藤本壮介（建築家）
Sou Fujimoto

1971年北海道生まれ。東京大学工学部建築学科卒業。00年、藤本壮介建築設計事務所設立。11年「台湾タワー国際設計競技」（台中）及び「ベトン・ハラ ウォーターフロントセンター国際設計競技」（セルビア）1等受賞。

出展者略歴

能作文徳　Fuminori Nousaku　能作淳平　Jumpei Nousaku

能作文徳は 1982 年富山県生まれ。2005 年東京工業大学工学部建築学科卒業。2010 年能作文徳建築設計事務所設立。2012 年東京工業大学大学院博士課程修了、博士（工学）。「ホールのある住宅 (2010)」で東京建築士会住宅建築賞受賞、その他「Steel House(2012 竣工予定)」「Tower Apartment(2012 ～)」を計画中。能作淳平は 1983 年富山県生まれ。2006 年武蔵工業大学卒業後、長谷川豪建築設計事務所に勤務。2010 年能作淳平建築設計事務所設立。作品に「新宿の小さな家 (2011)」「神泉のリノベーション (2011)」がある。共同設計「石瀬のゲストハウス (2010～)」を計画中。

9 projects

久保秀朗　Hideaki Kubo

1982 年生まれ。東京大学工学部建築学科卒業後、EU-Japan Architecture and Urbanism Student Mobility International Program にて Sint Lucas Architetuur（ベルギー）に留学。2008 年東京大学新領域創成科学研究科修了（大野秀敏研究室）。2008 年 -2011 年吉村靖孝建築設計事務所勤務。2011 年都島有美と共に久保都島建築設計事務所を設立。主な受賞に、2005 年東京大学卒業設計公開講評会最優秀賞（「くくり間くぐり」）、2007 年東京大学大学院社会文化環境学専攻修士論文賞、SDReview2011 入選（「中之条の山小屋」）がある。

Roof Top Community Project

関野らん　Ran Sekino

2006 年東京大学工学部社会基盤学科卒業。2008 年東京大学大学院工学系研究科社会基盤学専攻修了。大学・大学院では、景観研究室にて篠原修・内藤廣に師事。2008-2011 年川添善行・都市・建築設計研究所勤務を経て、2011 年より SRAN DESIGN 主宰。建築・ランドスケープ・墓地設計から、イベントなどの空間デザインまで幅広く設計を手がける。主な作品に、樹木葬墓地 " 木立 "(2007 年 東京都町田市)、発信型シェアオフィス "PORTAL POINT" 内装デザイン (2012 年 東京都港区) など、執筆論文に、集落構造を墓地と祭祀儀礼の観点から分析した、『祭祀儀礼からみる集落の空間構造に関する研究 - 三重県菅島を事例として -』(2008 年) がある。

新たな葬送のための墓地

小松一平　Ippei Komatsu

1984 年奈良県生まれ。06 年大阪芸術大学芸術学部建築学科卒業。06-10 年 ycf/山下喜明建築設計事務所。10 年小松建築設計事務所設立。SMOKER'S STYLE COMPETITION 2006 アイデア部門最優秀賞。10 年「王寺の家」(ycf 在籍時担当作)が第 14 回奈良県景観調和デザイン賞審査委員長賞。2012 年廃材 PROJECT「森のかけら展 vol.2」展覧会・ワークショップを企画。建築家細田みぎわ氏とその有志と共に活動中。「あやめ池の家」(2010-)「Single House」(2012-)「Cafe Lounge」(共同設計 2012-) など住宅・店舗の設計が進行中。

擁壁から建つ家

米澤隆　Takashi Yonezawa

1982 年京都府生まれ。2011 年国立大学法人名古屋工業大学大学院工学研究科修士課程修了。現在、同大学大学院工学研究科設計副手。「HAP+」主宰。主な作品に「生きている建築」2006、「ディスプレイ壁の中に住み込む家」2008、「公文式という建築」2011、「パラコンテクストアーキテクチャー」2011(Under 30 Architects exhibition 招待出展) などがある。主な受賞に、International Competition on Sustainable Architecture and Design 07 入選、SDReview2008 入選、京都デザイン賞、AR Awards 2011 Highly commended 賞、建築と社会賞 (論文賞)、JCD デザインアワード 2012 金賞 + 五十嵐太郎賞などがある。

パラコンテクストアーキテクチャー

増田信吾　Shingo Masuda　大坪克亘　Katsuhisa Otsubo

増田信吾は 1982 年東京都生まれ。2007 年、武蔵野美術大学卒業。大坪克亘は 1983 年埼玉県生まれ。2007 年、東京藝術大学卒業。2007 年から東京を拠点として共同での設計活動をはじめる。これまでに「ウチミチニワマチ (2009)」、「たたずむ壁 (2009)」、「ものかげの日向 (2010)」、「風がみえる小さな丘 (2010)」、「小さな部屋 (2011)」を発表。鹿島出版会 SD Review2008、2009 入選、JCD デザインアワード 2011 金賞、ar+d Awards for Emerging Architecture 2011 準大賞など受賞歴多数。

躯体の窓

海法圭　Kaihoh Kei

1982 年生まれ。2007 年東京大学大学院工学系研究科建築学専攻修士課程 (千葉学研究室) 修了後、西沢大良建築設計事務所を経て、2010 年海法圭建築設計事務所を設立。主なプロジェクトに、「西田の増築」、「空飛ぶマンタ」(昨年度 U-30 において展示・発表)、「コーネリス・ホランダー展」(展示構成)、「CO2±0 住宅共同開発事業」(パナホーム・東京大学・日建設計と協働)、「水平線の水族館」などがある。また、国際ワークショップ City Switch に参加し「神迎の灯」(行灯デザイン)、「美談駅改修」(無人駅のセルフビルドによる改修) なども手がける。

米屋プロジェクト

9 projects

Fuminori Nousaku
Jumpei Nousaku

能作文徳　能作淳平
Fuminori Nousaku, Jumpei Nousaku

能作文徳は東京工業大学在学中、2007 年から
設計活動を始める。2010 年には東京建築士会
住宅建築賞を受賞。能作淳平は武蔵工業大学卒
業後、長谷川豪建築設計事務所に勤務。2010
年に独立後、設計活動を始める。

9 projects

能作文徳建築設計事務所と能作淳平建築設計事務所はそれぞれ個人事務所でありながら、同じオフィスビルの仕事場で活動している。そこではそれぞれが提起した建築のアイデアを互いに議論し、更新を繰り返していく。最終的な建築はそれぞれが発展させるというオープンエンドな共同によって、より多くの人に開かれた建築のつくり方ができると考えている。

議題にあがる内容は、次のキーワードで要約できる。「合理性」、「開放性」、「即物性」

「合理性」は、主に建築の構成の根拠のことを指している。個々の計画には、敷地、予算、使い方、構造、規模等に制約があるが、それらの条件を分析する中で、どのような構成が可能性に開かれた状態で、無駄のない自然な状態になるかを整理していく。このように自然で自由な建築のあり方を求めれば、個人的な表現やレトリックではなく、建築自体の合理に適った存在に近づくと考えている。

「開放性」は、具体的には空間の大きさと開口部の大きさに基づいている。たとえば１畳の部屋、１０畳の部屋、１００畳の部屋ではそこで行われる活動の種類や数が違ってくる。広くなればなるほど多くのことが同時に起こる開放性が生まれる。さらに開口部は直接、開放性と結びつく。ガラスがないほうが開放的であるが、ガラスが必要な場合は開けられた方が断然よい。大きな気積と開口部があれば、建築が様々なものを受け入れるおおらかな存在になると考えている。

「即物性」は、建築のもつ意味に関係している。建築には物質、形、様式から固有の意味が生じてくる。自由な建築をつくろうとするならば、その意味に満たされた空間は息苦しく窮屈に感じられる。だから特殊なスタイルや形態を用いるのではなく、建築のあり方がダイレクトに実体になったようなニュートラルな状態に近づけたいと思う。建築の骨格があらわれた状態、下地のような状態、未完のような状態にとどめておきたいと思う。

石瀬のゲストハウス　①
2010年〜

① 　N+FACTORY (能作文徳+能作淳平)
② 　能作文徳建築設計事務所
③ 　能作淳平建築設計事務所
1/400

Tower Apartment　②
2012年〜

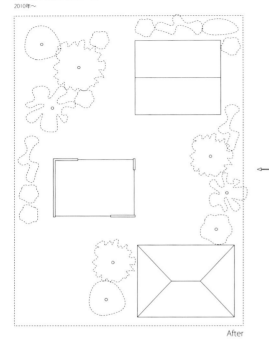
After

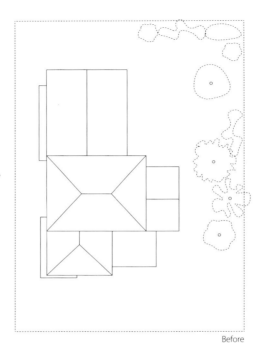
Before

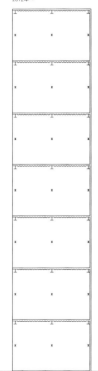

ホールのある住宅　②
2009年

Steel House　②
2012年

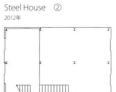

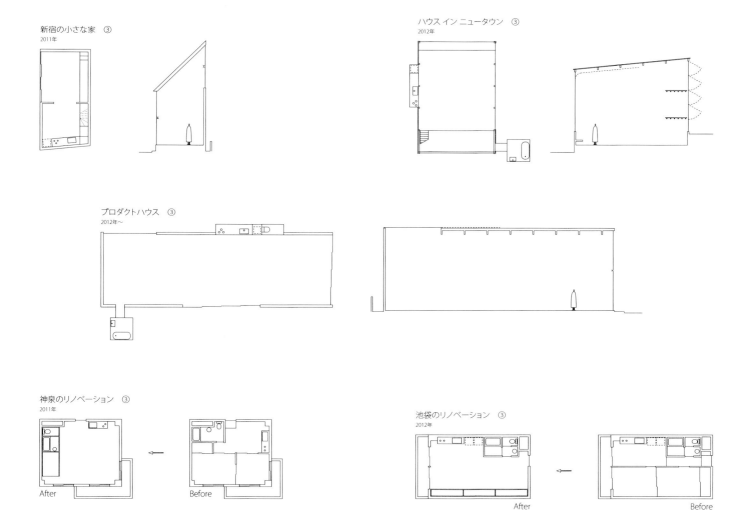

Steel House　能作文徳建築設計事務所

Tower Apartment　能作文徳建築設計事務所

新宿の小さな家　能作淳平建築設計事務所

神泉のリノベーション　能作淳平建築設計事務所

Roof Top Community Project

Hideaki Kubo

久保秀朗
Hideaki Kubo

1982 年生まれ。東京大学工学部卒業後、Sint Lucas Architectuur（ベルギー）に留学。2008 年東京大学新領域創成科学研究科修了。吉村靖孝建築設計事務所を経て、2011 年都島有美と共に久保都島建築設計事務所設立。

Roof Top Community Project

このプロジェクトは千葉県富里市に8戸の分譲住宅を建設するための実施コンペへの応募案である。(※二等案)敷地は最寄り駅から10kmほど離れた場所で、畑や雑木林に囲われたのどかな田園地帯にある。主催者からは「8棟の住まいが集合して住むことでできる新たな郊外生活が可能な提案」が望まれた。同じ間取りの家を単純にコピーするだけの宅地開発ではなく、集合していることで可能な郊外でのライフスタイルも含めて提案してほしいという主催者の考え方に我々も大いに共感し、住宅の新たな集合の在り方と生活像を模索した。そこで緑豊かな周辺環境を生かした大きなルーフテラス付きの住宅地を考えた。屋根が延長されて隣の家に接続されることで、アクセスしやすい大きなルーフテラスになっている。一般的にテラスハウスと呼ばれるような長屋形式では、壁を共有することで庭の面積を広げるというメリットがあるが、この提案では屋根を共有することでルーフテラスの空間的な質と大きさを最大化するという考え方である。敷地は南西向きであるため、互い違いに方向を変えて南西向きと南東向きの住戸にしている。それによって北側の列の住宅も十分に日照や南側への視線の抜けが確保できるようになる。さらに方向を変えたことで4つの住戸の屋根をまんじ状に接続することができ、すべての住戸がルーフテラスを共有できるようになる。ルーフテラスには屋外用のキッチンやベンチ、テーブルが据付けされており、屋根を2つ目のリビングのように使うことができる。木々が植えられた中庭を囲うようにルーフテラスが立体的に折り重なることで、適度な視覚的なつながりをもたらし、屋根を生活の中心とする緩やかなコミュニティを形成できるのではないかと考えた。

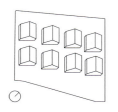

通常の宅地開発モデル
×北側の4棟は採光や南側の眺望が得られない。
×同じ家がコピーされた画一的な街並み。
×家の前が駐車スペースで塞がってしまう。

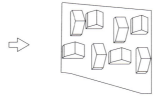

①互い違いに向きを変えて家と家の間に隙間をつくることで、採光や眺望をすべての家に確保する。

②屋根を伸ばしてつなげることで、すべての家がルーフテラスを所有できるようになる。

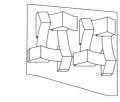

③屋根を曲げることで、室内の天井高さを確保しながらルーフテラスに平らな部分を作ることができる。

1.大きなルーフテラス

延長された屋根は隣の家の二階に接続して大きなテラスとなる。屋根が曲げられることで、平らな部分と勾配のついた部分ができ、立体的で多様な屋外空間となる。

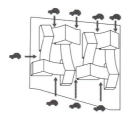

2.カーポート

ルーフテラスの下は屋根付きのカーポートになっている。家の脇に駐車スペースができることで、玄関からアクセスしやすく、また家の前が車で塞がることはなくなる。

3.ルーフテラスをつなぐ緑地

ルーフテラスに囲われた中庭状の部分は、木々が植えられた共有スペースとなっている。この緑地がルーフテラス間の適度な視覚的なつながりをもたらし、屋根を中心とした緩やかなコミュニティが形成される。

4.新たな家の集まり方-屋根共有モデル

一般的な戸建住宅地(A)に対し、(B)はタウンハウス(長屋)と呼ばれる形式で、壁を共有することで庭の面積を広げるという考え方である。それらに対し、このプロジェクトは屋根を共有することで、ルーフテラスの質と面積を最大化するという新たな家の集まり方(C)を提案するものである。

siteplan 1/700

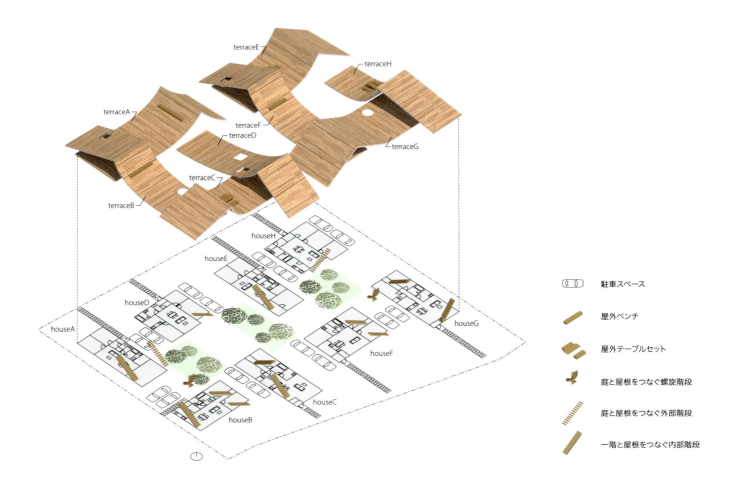

section 1/400

41

新たな葬送のための墓地
Cemetery for a new type of funeral

Ran Sekino

関野らん
Ran Sekino

2006 年東京大学工学部社会基盤学科卒業。2008 年同大学院修了。川添善行・都市・建築設計研究所を経て、2011 年より SRAN DESIGN 主宰。建築・ランドスケープ・墓地設計から、イベントなどの空間デザインまで幅広く設計を手がける。

新たな葬送のための墓地

　絶えず変化する社会の中で、建築家はその社会に適した住宅や公共建築を創り出してきた。そして建築家は、建物単体を設計するだけに留まらず、様々な都市問題や社会問題にも言及してきた。しかし今まで目を向けられていなかったものがある。それが墓地をはじめとする「死」を受け止める空間である。

　日本では、今後20年以上に渡り「多死社会」と言われるほど、年間死亡者が急増する。その年齢内訳は8割以上が高齢者、また、死亡場所は8割以上が病院である。自宅で死を向かえ、そのコミュニティや集落全体で葬送儀礼をするような古来の形は、都市部ではほぼ見られなくなり、病院で亡くなった方は、一時的に家に戻ることがあっても、多くは葬儀を葬斎場で行い、そのまま火葬場へと送られていく。けれど、病院死が自宅での死を上回ったのはそこまで古い話ではなく、1976年である。その直後の1980年代から、葬送のあり方が議論され始めた。仏教とイエ制度を前提とした慣習に基づく従来の葬儀や墓の形式は、少子高齢化や核家族化により跡継ぎがいない無縁墓が増加し、徐々に保持し得なくなってきた。宗教離れも追い打ちをかけ従来の葬送に対して疑問を抱く人たちが増え、死の向かえ方、故人の送り方の慣習は薄れつつある。だからこそ今、「死」とどう向き合うかは日本の大きな課題なのである。今の社会の「死」を受けとめる新たな葬送のあり方を模索するべきだ。

　これまで、そこに空間の議論が入ることはなかった。病院死が増加しても、病院と葬儀場が一体化することはない。病院はあくまで治療のための機関であり、そこが死を迎える場所だとすることはタブー視されていた。そして、都市の中で「死」を受けとめる場所というのは、病院以外の場所であっても、議論を避けられてきた。病院も住宅もオープンスペースも、古来葬送儀礼が行われていたはずの場所からも、都市は「死」という要素を排除してきたのだ。現在火葬場や葬斎場や墓地は、本当に自分の最期を迎えたいと思える場所になっているのだろうか。逆に都市空間から追いやられているように思えてならない。新たな葬送のあり方が模索されている今だからこそ、タブー視されていた「死を受けとめる空間」と正面から向き合うべきではないだろうか。都市空間や建築の分野からも検討する必要がある。

　今回の展示の一つとして、新たな葬送の形として普及しつつある樹木葬墓地のプロジェクトを紹介する。樹木葬とは、遺骨を骨壺に収めず、土にそのまま埋葬する形式の墓地である。跡継ぎを必要としない永代供養型のこの埋葬方法は、深刻な墓地の土地不足と、跡継ぎがいない無縁墓の増加という都市部の墓地問題を解決する上、宗教色がなく自然志向であることからも注目されている。私はここ数年で東京でのいくつかの樹木葬の設計に携わってきた。伝統様式や慣習に従うのではなく、新たに創りだす形が、人の死を受けとめることができるのか。そのためには何が必要なのかを模索している。

元来、日本の集落では、それぞれ独自の自然観で山岳信仰などのように自然を神格化し、欧米の都市とは全く異なる奥行きのある集落空間を構成してきた。そして墓地もまたその集落構造の一部に組み込まれ、その構造と信仰を強化するように、祭祀儀礼が行われてきた。今回のパネルでは、その事例の一つとして、三重県鳥羽市の離島、菅島のリサーチを展示する。一島＝一集落＝一自治体の歴史が長いこの島では、古くからの祭祀儀礼が、外からの影響をあまり受けることなく、今でも受け継がれている。厳しい地形の中で、疫病や津波で何度も集落を移転してきたこの島の一年の行事を見ていくと、自然信仰と先祖供養のあり方を知ることができる。特に盆である8月の一ヶ月間、ほぼ毎日のように開かれる行事とそれらが行われる場所を見ていくと、生業や生死を左右していた海に対する信仰と畏怖の念を感じることができる。これらの祭祀儀礼を通して、海はただその恵みをもたらすだけでなく、ときに姿を変え恐ろしい存在となることも、言葉で説明することなく感覚として身につけているのである。葬送儀礼では、死者の霊を海へ返し、毎年の盆には海から先祖の霊を向かえ、盆が終わると先祖の霊とともに集落中の悪霊も海へ送り出す。聖なる存在でも畏れの対象でもある海へ悪霊・死霊も追い出すことで、集落を浄化している。

　菅島の葬送儀礼と盆の行事を見ていると祭祀儀礼によって時間的境界、空間的境界を設定して、死や悪霊という穢れを取り除いていることがわかる。葬儀などの儀礼は、死者だけのためではない。残された生者が、その心と空間を死から分離し、浄化するために行うものなのだ。そしてそれを何度も行うことで、死者と自分との間に明確な境界線を認識する。

　遺族や親族が離れて住むことが多くなった現在では、手間を減らすために初七日が葬式と同じ日に行われたり、法事の回数を減らすなど、葬送儀礼が簡素化されている傾向がある。親族だけでなく地域社会で担っていた葬送儀礼がなくなると共に、都市空間は儀礼を行う空間を排除していき、今では葬送儀礼と都市空間というのは全く分離したものになっている。さらに、「子供に迷惑をかけないように」と永代供養墓を選ぶ人は自分の葬送についても「自分らしさ」を求めた独自のものを選び、葬送が慣習や血縁関係からどんどん切り離され、自己完結的なものになりつつある。

　葬送や墓にも「自分らしさ」を求め、自分の死後までもライフスタイルの一部と考えるようになることは、脳死や尊厳死など、死に対する意思表示をすることもでてきた昨今の社会では自然な流れだろう。しかし新たな形式の墓である永代供養墓には、選んだときには気づかない数十年後の子孫の困惑を生むのではないか。「子供に迷惑をかけないように」と永代供養墓を選んだ人の子供は、また新たに他の墓地を探す必要が出てくる。樹木葬墓地を好む人には、先祖供養は必要がないと考えている人もいるが、代々墓を受け継ぐ必要がなくなれば、30年後、50年後に先祖の墓の場所すら忘れ去ってしまった子孫たちは、先祖へどのような想いを抱くのだろうか。葬送儀礼が排除された都市空間で、先祖の墓も知らない、自分の家系の痕跡が全くないというのは、なにか心の拠り所をなくしてしまうのではないかと危惧してしまう。自分らしい最期を選ぶという自由は、数十年後の子孫が先祖を知るきっかけを失うかもしれない。これに対して設計者としてできることは、設計した空間で示せるだけだ。

　100年、ひょっとすると1000年という単位で残る、墓というものを設計するとなると、少なからず今の社会に左右されているだろう

樹木葬墓地「木立」（東京都町田市，2007年）
（設計：東京大学景観研究室，写真提供：内藤廣建築設計事務所）

樹木葬墓地「木立」竣工写真　（写真提供：内藤廣建築設計事務所）

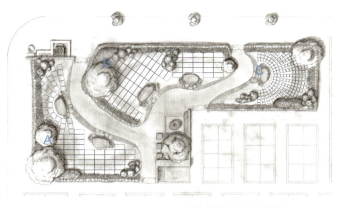

樹木葬墓地「木立」平面図, scale: 1/400

47

自分の価値観はなんとも頼りないものに思えてくる。その社会に左右される価値観ではなく、なるべく普遍的な価値を見出したい。特定の宗教への信仰がなくても、なるべく違和感なく受け入れられるものを目指したいと考えている。自然環境の厳しい日本において、自然に対する信仰というのは古くから存在し、宗教に左右されずに今でも多くの人の心に少なからず存在するものである。樹木葬という定義は新たにされたものであっても、「自然に還る」という思想は古くからの山岳信仰などにつながるものであり、だからこそ特に日本人には受入られやすいものだろう。設計するものでありながら、なるべく「自然に還る」と感じられるくらい、設計が主張しないことが重要だ。また、シンボルツリーとしては桜を置くことになった。盆行事がなくなっても、桜があれば必ず満開の時期には人が集まるだろう。儀礼がなくなっても、年に一度は人が集まるきっかけがあるのは重要なことだ。これらのことを重視して、樹木に囲まれて違和感なくくつろげる場所を設計することを目指している。

　儀礼やシステムでつなぎ止めることができなくなっている墓に、解を与えられるのは設計が大きな役割を担っているのかもしれない。そう考えるととても荷が重いものだが、慣習や伝統で創られるものではないだけに、空間の質が評価されるときなのかもしれない。システムとして、跡継ぎの必要がない墓であっても、この墓を選んだ人の子供や孫が墓の原風景としてこの樹木葬を見たとき、相続が必要なくても空間としてまたその墓を自分が埋葬される墓として選んでくれれば、設計者冥利に尽きる。

　ただこれまで述べたように、墓だけで新たな葬送が完結するわけではない。病院死から「自分らしい葬送」の選択まで、現在の様々な葬送を受けとめる空間を、今考えなくてはいけない。

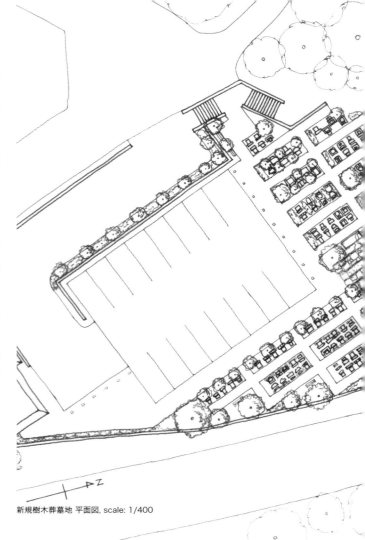

新規樹木葬墓地 平面図, scale: 1/400

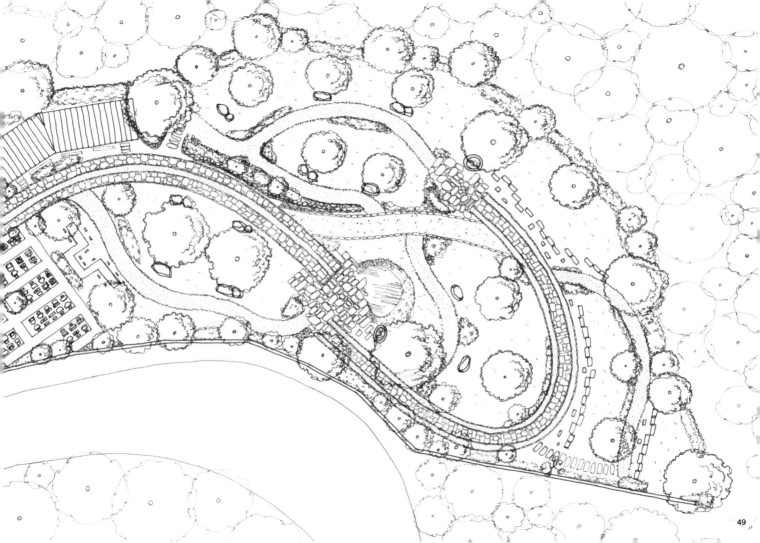

擁壁から建つ家
retaining wall house

Ippei Komatsu

小松一平
Ippei Komatsu

1984 年奈良県生まれ。06 年大阪芸術大学芸術学部建築学科卒業。06-10 年 ycf/ 山下喜明建築設計事務所。10 年小松建築設計事務所設立。SMOKER'S STYLE COMPETITION 2006 アイデア部門最優秀賞。

擁壁から建つ家

現在設計が進行中の住宅を完成と未完成の間を切り取るかたちで紹介している。展示スペース全体にランドスケープのように周辺環境を再現する。展示の土地の上には、設計過程で集まった様々な内容の展示物が断片的に並べられている。観覧者自身がスペースを巡りながら、断片的な展示物と完成の姿を繋いでいただければと思う。
1970年頃に山だった場所が宅地造成開発された住宅地の一角に建つ住宅の建て替え計画。東から西へ向かって山の斜面の面影を残しながら坂道が続く。道の両側には、1mから3m程度の擁壁が立ち並び、その上の造成された平坦な土地に住宅が建っている風景。
道と土地と建物と擁壁がバラバラに存在している。これらの要素を互いに関係性を持たせることで、この住宅地の風景のあり方を再編しようと考えた。
本来与件として与えられる土地を設計する事から始める。計画地の土地は角地で、西側は道路面とフラットに接続し、南側は既存擁壁が約3m程度立ち上がる。その中に、新たに高さ1m程度のL型擁壁を2段設け、土地を段々状に造成する。このL型擁壁は、前面道路と隣地の高低差を考慮し、お互いの土圧のバランスを調整しながら位置を決定しており、さらに既存擁壁にかかる大きな土圧を軽減している。
建物は単純な3層構成である。新しく設けた擁壁上にL型の壁が立ち上がり、その上にフラットな床が載る。2階は、1階の壁を45°、3階ではさらに90°回転させたかたちで壁が配置されている。1階から3階までの壁の配置は建物に生じるねじれやバランスを調整しながら配置されている。いわば、新しく設けた擁壁の配置が1階から3階までの壁の位置を規定している。さらに引いてみれば、隣地の高低差、道路の勾配（もとの山の地形）も、この建物の壁の配置に影響を及ぼしていると言える。
ここでは、この地域の歴史や場所性を、「壁」という要素を用いて建物の最上部まで繋げようとしている。

配置図・1階平面図　1/200

1.LDK(A世帯)　2.アトリエ　3.水回り(A世帯)　4.テラス　5.寝室(A世帯)　6.LDK(B世帯)　7.寝室(B世帯)　8.水回り(B世帯)

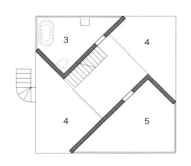
2階平面図

3階平面図

壁配置図

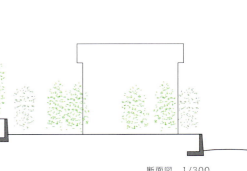
断面図　1/300

敷地　　　新設擁壁　　　1 階壁　　　2 階

ダイアグラム

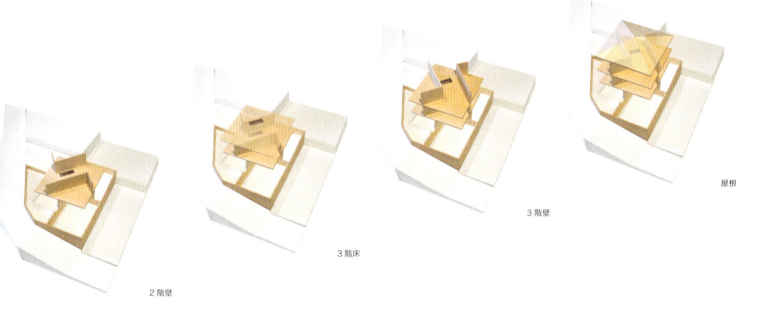

屋根

3階壁

3階床

2階壁

U-30 2012 出展者座談会

インタビュア 　　　　　倉方俊輔（建築史家）
出展若手建築家 7 組　　海法圭、久保秀朗、小松一平、関野らん、
　　　　　　　　　　　能作淳平、増田信吾、大坪克亘、米澤隆

座談会の風

倉方：今日お聞きしたいのはストレートなことです。今、この2012年において「建築」をどのようなものとして捉えていますか？

米澤：建築家として現代の分裂し流動化した社会と対峙していかなければならない。大きな社会を見ていてもつかみどころがなく、もっと身近な社会の中からその姿を描き直す必要があるのではないか。ちょっと変わった敷地であったり、100年以上前から生き続ける町家であったり、バブル期に建てられた巨大な倉庫であったり、固有の状況を抱えたお施主さんであったり、それらが生まれてくる過程には、偶然であろうと必然であろうと、いろいろな物語が重なり合っていて、多様なコンテクストをひきいています。そこに潜むポテンシャルを顕在化し文脈と文脈を結びつけ重層化させ新たな物語を生み出す。建築行為にはそういった可能性があると信じています。それもまた時と共に次なる物語を生む文脈になっていく。つくるとうまれるのあいだを考えたい。

関野：私は建築というよりは、建築だけじゃない場所全体について考えています。そして「死」を受け止める空間というものが、どのようになっていくのかっていうことが、今一番考えていることです。もともと家もパブリックスペースも、ハレとケで変化する、死を受けとめる空間だったんですね。集落のどこでも死を受け止める場所だったのがどんどん死を扱う場所が限定されていって、今は病院で亡くなってそのまま葬式場に行く形になるなど、変化していったのに対してそれを受け止めるための空間が、その変化に追いついていっているのか、ちょっと不安に思っています。70年代に病院死が自宅死を上回ってから、社会学等では葬送に対する議論が起

こってきたんですけど、それは建築とか都市空間での議論にはまだ届いていないところがあるんじゃないか。それをもっとしっかり考える必要があるんじゃないかと思っています。

能作：私たちは古いオフィスビルを改修した仕事場をシェアしているのですが、そこは仕切りのないワンルームで、お互いの事務所の状況が見えるので、議論になることが多いんですね。今回は 2 人の連名での出展なので、そこでの議論についてお話ししたいと思います。論点は主に「合理性」「開放性」「即物性」の 3 つになります。まず 1 つめの「合理性」について。合理性と言うと機能性を連想しがちですが、機能性というよりは、建物をもっと自然な状態にするというイメージです。建築の目的は施主の要望だけでなく、街の中でのあり方、構造のあり方、使い方など様々な条件が鮮やかに重なり合ったとき、建築自身が自然と示してくれるように感じています。そうすると建築はそのものの合理に沿った自然な状態に近づくと思います。2 つめは「開放性」について。大きな窓を開けて外が見えるようなイメージもひとつの開放性だと思いますが、ここで言う開放性は建築の空間が社会に参加できるような状態を指しています。最近の住宅は家の中に家族以外の人が入りづらい閉鎖的な構えをしていると思います。人以外にも光や風、街の音などが入りやすいおおらかな空間にすることで、開放性につながる

と考えています。最後に「即物性」についてですが、建物をありのままに建てるということを示しています。個人的なデザインやディティール、レトリックでつくるのではなく、建物のあり方がダイレクトに形になったようなものを目指しています。

小松：「かたさ」みたいなことに興味があります。住宅でいうと、人が生活することを前提に考えられた住宅が柔らかい建築だとして、反対に人が生活するために作られていない建築が「かたい」建築だと思っているんです。例えば倉庫とか、住宅じゃない建物の中に住むときの快適性は、「かたさ」から生まれているんじゃないかな、というふうに思っています。その快適性をリノベーションではなく、新築でどういうふうに実現させることが出来るかと考えたときに、人が生活するための快適要因から一度離れて設計する。そうした組み立て方でできた建物に、後から人が入っていくことで、人と建物の間にある種の衝突が起きながら、人は能動的に関わっていく。そういうやり方で生まれる快適さがあるんじゃないかということ を考えています。それは時間の流れに耐え得る「かたさ」でもあります。

海法：昨年のシンポジウムにお越しくださった伊東さんに、とても衝撃的なことを言われたのです。僕は膜状の構築物を空に浮遊させる提案をしていた

倉方俊輔　海法圭　久保秀朗　小松一平

のですが、内部と外部の問題と、エネルギーの問題と、浮かせるという構造の問題と、どれを一番考えたいのか質問されて、僕は悩んだ末に「内部と外部」と答えたのです。僕にとって内部と外部の問題は、人間がこの世で生きてくるために太古の昔から問題としてきたことだから、3000 年後でも「内部と外部」って、たぶん人間は言っているはずで、そういう普遍的な問題を扱いたいという意図でした。そしたら「一番ガッカリする答えだ」と言われて（一同笑）。まだ「内部と外部」とか言っているのか、という風に聞こえました。それは昔から建築家が言い続けてきたことだと。今取り組むべき問題は、今まさに切実な言葉として現れるという意味だと解釈しました。確かに建築家が扱う言葉って扱う範囲も狭いし、意味自体もかなり限られていると思います。そういう言葉たちに疑問を抱き始めたというか、あんまり興味が持てなくなってきて。例えば今回の提案では高齢者向けの住宅を提案していますが、国交省はサービス付き高齢者住宅を今後 10 年で 60 万戸整備することを目標にしています。そういう大きな社会的な動向を含め、今までの建築家が扱ってこなかった言葉や問題がいくらでもあるから、それらに冷静に丁寧に向き合い、建築家として素直に扱っていくつもりでいます。建築界でも認められるし、もちろん一般の人にも通じるような言葉を使っていきたいです。

久保：僕らの世代というのは、世の中のことが分かりはじめたときからもうずっと不況が続いているような感じで、僕は去年の 6 月から自分の事務所を始めたのですけど、震災以後に初めて独立していくような世代だと思うのですね。このような社会状況の中でどうやって建築を提案していくかを考えると、いわゆる空間とか抽象的な話に留まらずに、もう少しわかりやすい合理性とか客観性というのがすごく重要だと思っています。例えば、

経済的な投資をする不動産屋側としても分かりやすい、数字で現れるメリットだとか、建築界の中だけで評価されることではなくて、共通して考えることのできる合理性というのが必要かなと思います。こういう社会情勢だからこそ保守的にならずに、何か新しい価値をどんどん提案しないといけないのではないかと思っていて、形を提案することに臆病になりたくないなということを考えています。合理性と新しい価値がダイレクトに繋がるような形を提案したいと思っています。

大坪：建物を建てる前の段階の、どうやってコミュニケーションを取っていって、モノを創っていくかとか、その後どういうように使っていくかとか、そういう話がありますけど、結局できてくるモノの価値だと思うんです。建築で作ったモノが、そのもの自体に価値がないと、それが作られる状況を変えていっても、根本的には変わらないんじゃないかと思っていて、建物が建つことの価値、「こういうのが建ったらこれだけ価値がある」っていうことが言えないと、建築以外の人に伝わらないんじゃないかと感じています。例えば、周りの環境や社会に向けての価値が、施主にとっても大きなメリットとして返ってくるような構造が考えられればいいのかなと思っているのですけど。モノを作ること対して、新しい価値を考えていかないといけないんじゃないかと考えています。

増田：物事の仕組みが重なることで違うことが起きるような、場所自体、状況自体を設計したいという想いがあります。人間よりの距離感ではなくて、かといって彫刻的なものではなく、様々な要因から組み上がった中に人間が関係していくような。支配していくモノの作り方ではなくて、両者からの目線で成立しうるモノの存在の仕方を考えています。それは結果として人間に返っていくような、風を通して植物が育つことで人が気持ちよくなっていくような。回り巡って生まれる関係の方が、深い関係になっているかなと思っています。そういうものを作りたいですね。

倉方：こうして話をお聞きすると、基本的な認識が共有されているようです。皆さんが交わらない位置にあるのではなく、同じ平面の上にいながら、それぞれの立ち位置を持っている。ある種の「非人間性」、「人間を越えて外す」、あるいは「ただの形ではない」、「社会に関係にしている」‥私が勝手に言い換えた部分もありますが（笑）さまざまなキーワードが出ました。自己表現の大きさではなくて、前提となっている社会の条件から、経済的なことまで視野に入れて建築を解答として設計していこうという態度は現在、広く共有されていると思います。しかし、それだけではないという思いも、皆さんの中に共通してあるような気がします。それは例えば、大坪さんのさきほどの言葉に現れていて、「コミュニケーションをとってものをつくっ

ていくだけでなくて、できてくるものの価値を考えないと」という発言がありました。確かに、コミュニケーションをとって、施主の意向や社会の状況を反映して、その結果として社会が良くなるものとして「こういう形がありますよ」というだけでは《建築》になりませんよね。いい例か分かりませんが、ギリシャ神殿で言うと、それは無意識かもしれないけど、その集落の人びとが「伝承」を形象化して、この土地の正統な所有者だということを表現するために作られた。その意味では社会の道具です。社会が必要としたからできた。しかし、成立してしまったら、成り立ちの経緯とは離れた観念によって洗練されていったり、それがあることによって人々の認識が変わったり、新たな伝統を形成したりする。建物は社会の生産物だけれども、作られたものは人の一生よりも長生きして、社会条件が変わったあとも残り、再び社会に対して影響を与えていく。それが《建築》ですよね。コミュニケーションの産物として良いということだけであれば、10年後に状況が変わったらまた壊して作り直すのかという話にもなりかねない。それは、素朴な機能主義とあまり変わらないともいえるわけです。最近の言ってみれば「つくらない系」の流行には、そう誤解されかねない危うさもあります。建築が持続してどういう効果を与えるかということは、あえて言えば建築の「自律性」に依っています。もし社会から建物ができて、それを反映していくのがこれからの建築家の役割だとすれば、それは全部「他律」

で済んでしまう。社会を捉えた上で、自律したものとは何かということが、例えば能作さんの「三つの特質」や、小松さんの「硬さ」といった表現の中に、問いとして隠れているように思います。以上に述べたような共通の思いを、僕はみなさんの意見から読み取りました。その上で、どんな「建築家」像が今求められていると思いますか？

関野：私は土木出身だから建築家の言葉がわからないことが多くて、だけどそれがもしかしたら、上の世代の方々の言っていることが分からなかったのかもしれないなと今回思いました。共通の認識を持っている方が多いんだということに今驚いています。言葉や「建築家」像が限定されている気がしていて、もっと広く扱っていいと思います。その中で私は墓地を見て、もっとここは設計者が入っていかなきゃいけないところだと感じたのですが、海法さんはそれを高齢者住宅に対して思ったんじゃないかと。

海法：建物のプログラムの話だけではないですよね。今、お墓と高齢者向け住宅がプログラムとして挙がりましたけど、サ高住は単なる制度の話であって、大切なのは例えば30年後に高齢者も若者も生き生きとしている社会を構築していく、そのために高齢者のことも当然考えて住宅を設計してみようという話だと思います。じゃあ、こういうプログラムも可能性あるよねという単純

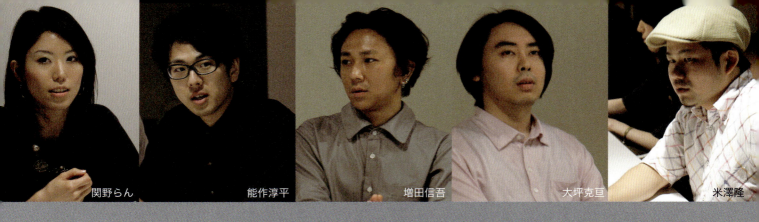

関野らん　　能作淳平　　増田信吾　　大坪克亘　　米澤隆

な話ではないはずで、それを見つけ出すのには能力が必要だと思いますよ。

倉方：目の前にあるはずなのに「見えていない」ものってありますよね。先ほど米澤さんが話してくれたバブル期につくられた倉庫、墓地や高齢者住宅、その他にも現時点での変なバイアスによって「建築家」が扱う対象だとされていない存在は、僕もたくさんあると思います。どこか彼方ではなく、目の前の現実にこそ、まだ見ぬ挑戦の対象が潜んでいるのでしょう。

関野：私は墓地に出会ったのが、運というか出会いというか、使命かもしれないし、引きずり込まれたのかもしれない。そういうのがこれから色々出てくるんじゃないかなと。だから、建築家が集まっての議論の仕方も変わっていくんじゃないかと思っています。

能作：僕は墓地を設計したことが無いので詳しい部分はわからないのですが、建設に対するモチベーションは共感しますね。分野を問わず、なぜつくるのかという問いを持って設計に取り組むことが大切だと思います。

増田：僕たちが一番初めに作ったのは塀なんですけど、塀一つに目を向けたほうが街が変わると思うし、いわゆる王道的な建築家のやり方から外れたほうが世の中変わってくるんじゃないかな。海法くんや関野さんの話を聞いていても、設計し甲斐のある場所を探していくべきだなと。設計されるべき場所は広がっていて、各々の得意な部分をやっていけばいいのかなって感じました。

（2012年7月27日　本展覧会会場内にて　聞き取り　AAF田中天）

パラコンテクストアーキテクチャー
paracontext architecture

Yonezawa Takashi

米澤隆
Yonezawa Takashi

1982年京都府生まれ。2011年国立大学法人名古屋工業大学大学院工学研究科修士課程修了。現在、同大学大学院工学研究科設計副手。「HAP+」主宰。AR Awards 2011 Highly commended賞、JCDデザインアワード2012金賞+五十嵐太郎賞受賞など。

パラコンテクストアーキテクチャー

近代社会においては、人は一般的な規範に合わせて己を適合化し、
全体の満足は、個々の抑制という犠牲の上に形作られて来た。
だがひとつの固定した世界観は、その時代の前提が崩れた時に脆く消滅する。
流動する複雑系の生態を持つ現在の社会ですべきことは、
具体的なストーリーと欲望を持つ、個々の空間をまずは立ち上げることである。
その個々の文脈は、互いにパラサイトし合い、共犯関係を結ぶ。
特異な空間と空間は出会い、重層化されひとつの建築へと有機的に昇華される。
個の文脈に応じた多義的な建築は私性と社会性を架橋し、
まぎれもないその人のための建築として記憶されると同時に、他と結びつき、町に生き続ける。

とある場所を前に、私がいる。
私はその敷地を見ていて、同時に見られている。
私は建築をつくる。だが同時につくられてもいる。
主客は反転し、組み込まれるのは、その地の文脈である。
都市の脈流はしばしば動脈硬化を引き起こす。
私の建築は、その流れを整える人工心臓として機能し、
「つくる」と「うまれる」のあわいを志向する。
建築の提示に、明確な答えはない。だがたとえ誤読であっても、
裸一貫の身を投じ、この流動する今を切断し、建築的な形象として記録する。
「建築」とはいわば過渡期の産物なのである。歴史的蓄積性と現代的流動性を架橋し進化系、成長系を描く。
それが、大きな連なりの中に己を位置づけ、脈々と未来へとつなげていく。

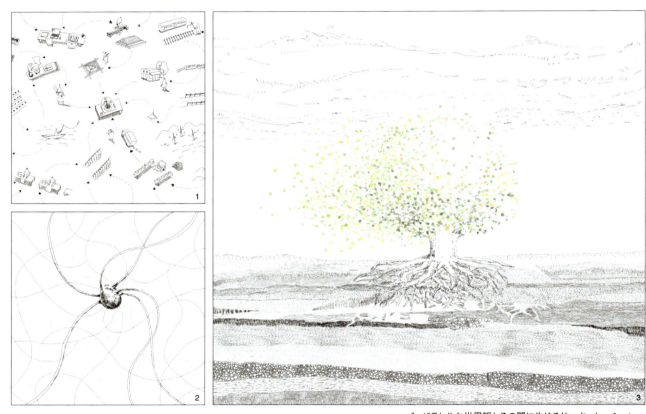

1. パラレルな世界観とその間に生じるサーキュレーション
2. 社会の文脈の中に パラサイトする
3. 歴史的蓄積性と現代的流動性を架橋し過渡期性をもつ

パラコンテクストアーキテクチャー

福田邸

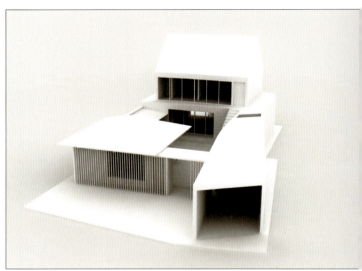

榊原邸

上鳥羽の倉庫

庵をしょった町家

躯体の窓
Boundary Window

Shingo Masuda
+ Katsuhisa Otsubo

増田信吾＋大坪克亘
Shingo Masuda + Katsuhisa Otsubo

増田信吾と大坪克亘は別々の大学を卒業後、2007 年から東京を拠点として共同での設計活動をはじめる。鹿島出版会 SD Review2008、2009 入選、JCD デザインアワード 2011 金賞、ar+d Awards for Emerging Architecture 2011 準大賞など受賞歴多数。

躯体の窓

この改修物件では、庭と建物とのつながりが重要であることから、現存するRC2階建ての南側に施されている窓サッシ全ての交換が求められ、庭と建物の新たな関係を設計することが真意であると感じた。
サッシ、カーテン、ガラス戸を、もう一度同じように納め閉じるのではなく、それぞれを現存8つの開口から庭側にずらし、大きな一体としてとりまとめた。上下の戸の分割線を2階開口部の手すりの高さでとり、レールとしてよりも手すりとして機能する。そうすることで窓を開いた時の開口断面に余計なものが残らない状態となった。
通常のように窓や開口部の個数ではなく、ここでは"割合"によって音や風も含め緩やかに関係し、窓が庭側と建物側の境界となり、建物が閉じた箱ではなく庭も含めた場所全体の状況となる。
大部分の南面が薄いガラスで覆われるため、建物の皮膜として働き、塗装のはがされたむき出しのコンクリートを保護している。夏の日が高い時は日射の半分を庭に反射させ、植物に分けている。
あるところでは人間に、あるところでは建物や庭に寄り添いながらどちらにも属さず、両者をつなぎながら付き合っていく関係を築く、"躯体の窓"となった。
僕たちは"関係"にとても興味がある。当たり前のことだが、"関係"というものは、持ち出される事柄とそれぞれの目線で成立していることが必要だと最近とても強く感じている。
要求や条件というものは切実でそれぞれで全く違うため、前提そのものが違ってくる。僕たちは流れの中で、引き起こる様々な事柄や持ち出される目線に対して耳を澄まし、うまく回る状態をいつも探す。そこからわかってくる真意に対し設計するということは、今までにない新しい"関係"を生み出すことを可能にしてくれるのである。

平面図 scale 1/50

建物の中から庭をみる

庭から建物をみる

米屋プロジェクト
YONEYA Project

Kaihoh Kei

海法圭
Kaihoh Kei

1982 年生まれ。2007 年東京大学大学院工学系研究科建築学専攻修士課程（千葉学研究室）修了後、西沢大良建築設計事務所を経て、2010 年海法圭建築設計事務所を設立。

米屋プロジェクト

3.11 以降の福島の稲田地区におけるまちづくりの提案。3 万坪の敷地を所有する米屋旅館と UDCKo（郡山アーバンデザインセンター）と協働して実現化を図るプロジェクトである。

3.11 を経てなお世界を制御しきれると思う一部の人間の驕りが、原発を再稼働させたように見える。日本はいま、東京からより地方から変わりうる。人間の営みの総体がもっともっと豊かであることがこの地で証明され、いつまでも風景として定着し続けたらと願いつつ、まちづくりの立脚点を以下にまとめる。

１．大きな個から始まる
米屋旅館は予約できない宿として有名である一方、稲田地区のまちづくりに 30 年以上関わってきた（企業や住宅の誘致等）。米屋という大きな個が、トップダウンでもボトムアップでもないまちづくりを実践してきた歴史がある。

２．自然エネルギーによりそう
地域の生態系を活用した自然エネルギー利用を計画。エネルギーの増産ではなく、まずは消費量を減らす努力をする。空家改修時の工夫やライフスタイルの改善など、既にあるストックを最大限に活かす。

３．漸進・長期性と迅速・柔軟性を両立する
計画の長期性を意識し、漸進的に進めるシステムが重要。同時に、迅速かつ柔軟に事業として成立させる視野も必要。旅館サービスを受けられる高齢者向け住宅を出発点とした。

４．研究・教育の場にする
温泉、河川、里山等の身近にある生態系から得られる新たな知見を世界に発信する、21 世紀型の里山を目指す。研究者や学生等の人材が循環するシステムづくり。

５．冗長性を有するコンパクトシティ
里山を中心に、概念上のネットワーク「花のみち」を地域全体に広げてまちの規模を示した。建物単体でなく、まちを構成する要素の関係性を時間軸にのせてデザインすべきである。但し、スプロール化のように将来発生する問題に対応できるよう、その規模に冗長性を付与する仕組みが肝要である。

花のみちつづく夢

福島県須賀川市の稲田地区に対して、以下の3つの将来像を提案する。

1. 高齢者が主役となって積極的に地域を支えるまちへ
→高齢者の知識や経験は社会の財産。高齢者が最大限に活躍できるシステムをつくる。

2. 温泉・河川・豊かな生態系などを資源として生かす新しい生活の知恵を世界へ発信するまちへ
→「里山」＝身近な自然を生活に活用するための知恵。「21世紀型の里山」を目指す。

3. 訪れる観光地から、帰ってきたい第二のふるさととなるまちへ
→人のつながりを育てていくことで、外から来た人も、地域に長く関わりたくなるシステムをつくる。

以上を実現するための大きな考え方の枠組みとして「花のみち」を提唱する。「花のみち」は人の活動や動植物、エネルギーをつなぐネットワークであり、高齢者や町のひとたちが、生き生きとまちを楽しむための基盤になる。

■ 植生計画図(敷地内)

里山は地域の自然の象徴として再生し、場所場所の特性を読み取った植生計画とする。

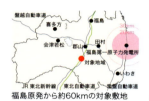
福島原発から約60kmの対象敷地

里山を中心に、自然豊かな稲田地区

花のみちの3つのネットワーク

■ 人の活動のネットワーク

高齢者や地域住民、県外の若者や海外の研究者といった人々の活動やコミュニケーションが道沿いで発生し、1年中顔が見える人々がいる。

■ 動植物のネットワーク

花のみちは地形に合わせて通され、みち沿いでは多様な動植物が一年を通して歩行者を楽しませる。里山を保全・管理する際のメインテナンスルートにもなる。

■ エネルギーのネットワーク

川と温泉の温度差を利用したバイナリー発電や、周辺の木材を燃料にしたバイオマス発電で電気をつくる。その際に発生した熱や温泉の排熱は、花のみちを通じて敷地内施設の給湯・暖房に利用し、余剰熱は花のみちの床暖房に活用する。

■配置計画イメージ図

■交通と生態系の結節点となる里山

敷地は奥羽山脈と阿武隈高地にはさまれた盆地に位置し、釈迦堂川が隣接している。奥羽山脈から指状に延びた山並みの先端に位置する特殊な里山である。盆地の中心ゆえ、交通網も発達しており、交通と生態系の大切な結節点である。

■比較的低い放射線量

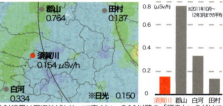

放射線量は周辺地域と比べて高くない。3.11以降の「福島というだけで危険」というイメージを払拭する、その出発点となる条件を備えている。

■高齢化・過疎化(空家増)が進む郊外都市

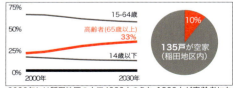

2030年には稲田地区の人口4000人のうち、1300人が高齢者になると想定される。若い世代や高齢者を支える構造に限界が生じている。また過疎化の進行による空家の増加、人的資源の低減がみられる。

高齢者が主体的かつ積極的に稲田地区を徒歩でめぐることができるように「**花のみち**」を計画する。敷地内の「花のみち」は歩行者が里山を十二分に楽しむためのインフラとして機能し、そのまま敷地外に延伸させ、まちへ／からの人の往来を促す。敷地外の「花のみち」は、歩行者にとって適度なまちの規模となるように示すための概念上の指標となる。公共施設や本計画に転用する空家や農地、コンビニなど、生活上重要な要素を縫うようなルートをイメージし、それら点と点を結ぶ線を、少しずつ顕在化する。具体的には、例えばみんなで道沿いを掃除をしたり、お花のプランターを置いたり、休憩用のベンチを設けたり、歩きやすい舗装にしたり、道中の段差を処理してバリアフリーにするなど。
提案のもう１つの核となる「**シニアサービスアパートメント(SSA)**」は、米屋旅館のホテルサービスを受けられる高齢者向けの住宅。自然や温泉を満喫するなど、第二の人生を楽しむ場所として日常生活を営むには理想的な住まいとなる。

稲田地区の岩渕の全景。敷地北側より望む。手前に米屋旅館がにぎわっている。里山の向こうには、花のみちに彩られ、コンパクトにまとまった稲田地区が見える。遠景には、連綿と連なる奥羽山脈の山並み。

① 敷地内　南への通り抜け

敷地南側の、静かで、落ち着いた斜面に[米屋のはなれ]を。旅館からの景観に配慮した配置計画。

[バイオマスプラント]で、通常福島では栽培できない作物を、温泉熱源を使って実験栽培。

斜面の地形修復にあわせて、実のなる樹を植え、道に沿った[果樹園]に。

段状の[段々ヤナギ]が、[リザーブ池]に流れる水を浄化。(放射性物質除去の実験)

② 敷地南側斜面

緩勾配のはらっぱに[秘密の東屋]。一人で落ち着きたいときの隠れ家。

地域で一番高い場所に[シンボルツリー]を植え、地域の静かな象徴として大切に育てる。

③ 農協付近

沿道農地がコミュニティの場=[畑リビング]に。時には、とれた作物でバーベキューパーティ。

[空家ホテル]は、短期滞在者向けの低価格ホテル。田舎インターンに最適。

[空家の屋根面のソーラーパネル]をネットワーク化。地域全体で電力を融通するシステムに。

[野生動植物広場]の林縁部では、運が良ければ野生動物に遭遇！

[空家カフェ]を、花のみち沿いに。散策路の途中の適度な休憩空間。

⑤ 稲田小学校前

[農業研究所]は、バイオマスプラントや放射性物質の除染効果がある植物についての研究の場。

福島の郊外でこそ、自然エネルギーの推進・研究をする[エネルギー研究所]。

空家を利用した[介護センター]が、在宅・通所介護の拠点に。

[青空教室]は、高齢者による学校の校庭の積極活用。高齢者が先生として教育を通して地域貢献。

⑤ 釈迦堂川・ポンプ小屋付近

[バイナリー発電]のための[リザーブ池]のまわりには新たな生態系が生まれている。

温泉を温熱源、河川を冷熱源として温度差を利用した[マイクロバイナリー発電所]。

釈迦堂川を望む[露天風呂]。施設には敷地内で伐採した木を再利用。

[里山再生]で刈った枝を、木質チップにして[バイオマス発電]。

[枝倉庫]で、バイオマス発電の燃料になる枝を里山や地域から集めて保管。

⑥ 米屋旅館の南側

[羊パーク]。定期的に放牧して、雑草の処理も可能。

[足湯]は[はらっぱ]を臨むバリアフリーで開放的な場所。

平地の大部分は[はらっぱ]として残し広々とした自然の広場に。

[UDCKoデッキ]が住民と旅館滞在者が集う場所に。米屋旅館と[花のみち]が一体的につながる、UDCKoの本拠地。

高齢者に優しい[花のみち]。排熱利用で冬も暖かい外の道。積極的に街に出かけたくなる仕掛け。

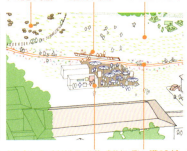

⑦ 笠木団地の南側

灌木や下草は刈り取り、既存の雑木林を整理して、[里山再生]！

[花のパーゴラ]。[SSA]の縁側空間。高齢者同士のコミュニケーションを促進。日射も遮蔽。

[花のみち]沿いでは、その熱によって[常咲花]が1年中花を咲かせる。冬になっても彩りを失わない道。

[シニアサービスアパートメント(SSA)]。米屋のホテルサービスを受けられる高齢者向け住宅。南面に対して開放的に。増築可能。

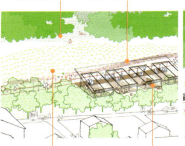

⑧ ヤンマー倉庫前

[森の診療所]は、温泉療法が特色。SSA居住者、地域住民も利用できる地区全体の診療出張所に。

[植物工場]は、排熱によって暖房される。高品質で安全な農作物を県外に輸出。

[みんなの畑]は、地域住民が農作業を行うクラインガルテン。[植物工場]と連携。

[森の駐車場]が北西からの強風に対する防風林に。[花のみち]を風から守る。

共同設計：川島範久、丸林荘一郎、稲田多喜夫

Under 30 Architects exhibition 2012　30歳以下の若手建築家7組による建築の展覧会(2012)
U-30 記念シンポジウム

日時　　2012年 9月 29日(土)15:30-19:30　(13:00 開場　15:30 開演　19:30 終了)
会場　　アジア太平洋トレードセンター（ATC）ITM棟 11階特設会場

ゲスト建築家　　五十嵐淳(北海道)　石上純也(関東)　谷尻誠(中国)

　　　　　　　　平田晃久(関東)　平沼孝啓(関西)　藤本壮介(関東)

進行(建築史家)　五十嵐太郎(東北)　倉方俊輔(関西)

meets U-30 出展若手建築家　　海法圭　久保秀朗　小松一平　関野らん　能作文徳　能作淳平　増田信吾　大坪克亘　米澤隆

日本を代表し全国で活躍する、出展若手建築家のひとつ上の世代(40歳前後)の
建築家を一同に招き、出展者とともに これからの日本の建築の考え方を探ります。

定員　　500名(事前申込み制・当日会場にて先着順座席選択)
　　　　※ お申込みをいただきましたら、順次、Eメールにて参加証を発送させていただきます。
　　　　※ 会場定員を大きく超えることが予想されます。席に限りがあり、立ち見となる場合があります。
　　　　　ご了承の上、開演10分前には必ずお越しください。
　　　　※ 当日のご参加も可能としますが、混雑具合により入場をお断りすることがございます。
　　　　※ 当日会場にて直接ご参加の場合は、14:30より先着順にて整理券を発行します。

入場　　¥1,000円 (学生無料：学生証をご提示ください)
　　　　※ 学生の方は学生証をお持ちください。お忘れの場合は有料とさせていただきます。
　　　　※ 9/29(土)シンポジウムご参加の方に限り、会場内で図録をご購入して頂きますと、
　　　　　展覧会入場券を無料で進呈します。11階シンポジウム会場に先にお越しください。

申込方法
下記ウェブサイトの申込みフォームよりお申込みください。
www.u30.aaf.ac

お問合せ
特定非営利活動法人アートアンドアーキテクトフェスタ
ウェブ　www.u30.aaf.ac　　Eメール　info@aaf.ac

五十嵐淳(いがらし じゅん) 建築家
1970年北海道生まれ。97年五十嵐淳建築設計事務所設立。名古屋工業大学非常勤講師。オスロ建築大学客員教授(12年)。著書・「五十嵐淳 / 状態の構築」(11年TOTO出版)など。主な受賞・吉岡賞、JIA新人賞など。

石上純也(いしがみ じゅんや) 建築家
1974年神奈川県生まれ。04年石上純也建築設計事務所設立。09年「神奈川工科大学KAIT工房」で日本建築学会作品賞受賞。10年ヴェネツィア・ビエンナーレ国際建築展にて金獅子賞を受賞。

谷尻誠(たにじり まこと) 建築家
1974年広島県生まれ。00年サポーズデザインオフィス設立。THE INTERNATIONAL ARCHITECTURE AWARD(アメリカ)、AR Award commendation(イギリス)、JCDデザインアワードなど他、多数を受賞する。

平田晃久(ひらた あきひさ) 建築家
1971年大阪府生まれ。97年京都大学大学院修了。97-05年伊東豊雄建築設計事務所。05年平田晃久建築設計事務所代表。08年JIA新人賞、12年エディータデザインアワードグランプリなど他多数を受賞する。

平沼孝啓(ひらぬま こうき) 建築家
1971年大阪府生まれ。ロンドンのAAスクールで建築を学ぶ。99年平沼孝啓建築研究所を設立。日本建築士会連合会賞や、Innovative Architecture 国際建築賞(イタリア)など他、多数を受賞する。

藤本壮介(ふじもと そうすけ) 建築家
1971年北海道生まれ。東京大学工学部建築学科卒業。00年、藤本壮介建築設計事務所設立。11年「台湾タワー国際設計競技(台中)」及び「ベトン・ハラ ウォーターフロントセンター国際設計競技(セルビア)」1等受賞。

五十嵐太郎(いがらし たろう) 建築史・建築評論家
1967年パリ(フランス)生まれ。92年東京大学大学院修士課程修了。博士(工学)。東北大学教授。11回ベネチア・ビエンナーレ国際建築展日本館展示コミッショナーを務める。

倉方俊輔(くらかた しゅんすけ) 建築史家
1971年東京都生まれ。早稲田大学大学院博士課程満期退学。博士(工学)。大阪市立大学大学院工学研究科准教授。主な著書に「吉阪隆正とル・コルビュジエ」、「建築家の読書術」(共著)などがある。

主　催		後　援	大阪市
			osaka design center ／ MEBIC
特別協賛	AGC 旭硝子株式会社　 AGC studio		日本管財株式会社
協　賛	大和リース株式会社		SHISEIDO
助　成	公益財団法人 朝日新聞文化財団　 大阪コミュニティ財団　 芸術文化振興基金　 UNION Foundation For Ergodesign Culture
	NOMURA 野村財団　　助成 独立行政法人 日本万国博覧会記念機構
展示協力	inter.office　 MEGURO
会場協力	ATC	特別協力	OSAKA DESIGN PROMOTION PLAZA

93

U30 2012 開催にそえて

旭硝子株式会社　ガラスカンパニー 日本・アジア事業本部 市場開発室
主幹　木原幹夫

　昨年から AGC studio の技術担当者として、U30 展の出展者と交流するという貴重な機会に恵まれた。建築家といっても彼らはまだまだ年齢が若いだけに荒削りで、30 歳という大人への大台を超える前の、社会にとってはいわゆる駆け出しと言われる時期である。しかし、気力も体力も充実しているこの年代は、通りすぎた誰もが羨むすばらしい時期であるし、出展者の勢いをあらためて感じずにはいれられなかったのである。

　U30 の頃、ちょうど私は AGC で市場導入中の新建材（GRC）を担当していた。設計採用をいただくとその物件の現場がはじまる。全国どこへでも行って現場監督として通い詰める、その繰り返しだった。各現場では、施工図も自分で書き、部品の発注も自分・・・その現場に関して会社の全責任を負うという気構えだった。質疑応答や工程会議、施工図の検討を行ういわゆる定例会議では、「あいまいさ」は許されなかったことを思い出す。なぜなら、鋭い建築家はかならず納まらないところを見抜き、あるいは図面では納まっていても施工不可能な場所を指摘してくるからだ。現場常駐している設計監理者やゼネコンの監督との良いやり合いを通じて多くの知識を得、またその経験を通じて育てられた。そして、そのころにあった若い感性や情熱を注ぎ、完成までこぎつけた時の喜びはひとしおだった。建築家から職人まで現場に携わるものが最後に一体となって達成感を共有する。私は、彼らを見てそんな自身の U30 の頃を思い出していた。

U30 という年齢制限のある試み

　また、この U30 展への参加資格は、どこかの組織に所属していないことが条件である。独立したばかりの大いなる希望や強い意志が感じられる年齢ともいえる。それは、今年のロンドン五輪でも話題となったサッカーのように、U23 と年齢を制限されることが純粋な戦いを招き、ビッグネームの選手が参加するワールドカップよりも競技らしく、各国の若い伸び盛りの選手が純粋な思いで必死に戦った姿に感動した。この U30 展は、展覧会という発表だけのプログラムでないことも魅力だ。今年は、出展者のひとつ上の世代の活躍されている建築家の皆様が全国より一同に集まり、出展者との建築議論が交わされる場があることが何よりも大切な機会であるように思うのだ。それは、出展者がこの先活躍していくだろう建築界において、一同に会し公な場で批評を受けるという機会は、実はこの年齢までなのかもしれないからだ。

U30 Glass Architecture Competition

　また、昨年からこの U30 展に連携した試みを実現することができた。これは、U30 展に出展をされた若手建築家の方から、これからのガラス建築の提案を募るコンペを開催し、最優秀提案の部分模型を実寸で展示する企画で、その経緯を展示していくといった一連の流れで発表させていただいている。また今年も同様のテーマでコンペを催し、この展覧会の主催者でもある AAF の方たちと協同で、東大の太田先生などの審査委員の方に協力をいただきながら進めていく予定をしている。

　昨年は、ガラス建築の提案がもっとも大胆であった、コペンハーゲン在住の U30 出展若手建築家、加藤比呂史＋ヴィクトリア・ディーマーの作品が最優秀賞となった。提案で募る作品は、あくまでもアイディアだけのものに留まらず、実際に建築可能な提案とするため、原寸展示を審査委員の先生方は望まれている。しかしながら私は、アイディアを実現化することはそう簡単ではないはずだと思っていた。でもこの勝者になった加藤＋ヴィクトリアは、大胆な提案の部分的な実現化という大きな試練にも屈せず、試行錯誤、悪戦苦闘を覚悟の上で挑んだテンポの速い進め方に、私たちも煽られっぱなしだった。

活躍する U30 というこれからの建築家たち

　彼らの基礎力の高さに舌を巻く。確かに、建築家を目指すそんな人たちであるし、彼らにはこれまでの培ってきた努力が備わっているのだ。それは決して、芸術的な才能というわけではなく、ただ、協同で進める仲間への思いやりや繋がりを大切にすること。そんな誰でもできるようなことを、あたり前にやっていくような才能なのかもしれない。彼らの世代、現代における U30 はいわゆる同志である。私などが育った時代とまた違った社会的試練が壁となって立ちはだかっているようにも思えるが、共通の基盤を持っている意識が出展者全体に感じられる。それは、団塊世代といわれたように、特筆すべき何々世代とも言われる予感がする。それはコンペを通じて感じた、彼らの取り組みにある。私たちが日々扱うガラスという素材への関心や、その制作過程、工事の仕組みなど、プロセスを含んだ知識の吸収意欲も旺盛で、学ぶ姿勢が備わっている。さらに、彼らの作品を観にくる彼らよりも若い世代には、上の世代とはまた違った、新しさへの可能性を持っているのかもしれない。それは、コンペの後に経過展を開催したときに感じた注目度の高さであり、また、それは、本当の意味での賛否が出てくる厳しい世代なのかもしれない。

Under 30 Architects exhibition 2012 にそえて
大和リース株式会社 代表取締役社長　森田俊作

　未来を予測する二つの方法がある。ひとつは、宣言した通りになること。小学生の時の卒業文集に書く「僕は、将来サッカーの日本代表になって、ワールドカップに出場します。」というあれである。もうひとつは、過去にあった未来をもとに予測する事である。P.Fドラッカーの言葉であるが、これがなかなかできない。
　50歳も後半にさしかかると、いろんな物事の終わりが見えはじめる。限られた時間を意識しはじめる。そうすると、すべてを完結させるのではなく、ある部分は次に託したり、カタチを作るのではなく、「言葉」や「考え方」におしとどめておくようにしたりもする。そうすると、想定内の失敗をしたりするのであるが、中には想定外にできの良いモノもあったりする。それが偶然ではなく必然として出てきた時にダイヤモンドの原石を発見したようなウキウキとした気分になって、一人ニヤニヤする自分がいる。至福の瞬間である。
　若いという事は、無限の可能性を秘めているが、その可能性を生かしているかというとそうとは限らない。努力したからといって、成功するとは限らないのだ。ただし、成功した人たちは必ず努力しているのは間違いない。若い人たちからよく言われる「どうしたら良いですか。」「どんな本を読めば良いですか。」結論を求めに走るのは、情報社会といわれるIT化が進んできたからだろうか。インターネットや

スマートフォンで検索すれば、あっという間にわかるのだろうが、でもそれは五感のうちの視覚でわかる程度の情報がわかったにすぎない。ディスプレイに映る料理には、見た目だけで味も匂いもない。まして食事をする席に着くまでのその店の「たたずまい」や仲居さんの「ふるまい」や先付けに添えられた四季を感じさせる小さな草花などの「おもてなし」などは到底わかるはずもない。見えているのは星の数ほどの噂話だけなのだ。

　若いという事は、幼さであり、未熟であり、稚拙である。しかし、生き生きとしている。30歳になったら、急に変わるだろうか。30歳になったら、29歳の頃と急に変わるだろうか。いつもと同じように日が昇り、いつもと同じように日が沈む。自分のまわりの風景が極端に変わるわけではない。今日からは20代と言えないだけである。

　もともと時間というのも、地球が太陽の周りを一周する間に、くるくると回転することにより、明るくなったり暗くなったりする間を区切っただけである。時は呟く「おい、お前に残された時間がどの程度あるのかを認識したか、覚悟を決めろよ。」

　ー 閑話休題ー

　日本という国が始まって、2672年だそうだ。それより以前に日本列島に人類が住み始めたのは3万年から10万年前、世界最古の人類ルーシーは300万年以上前で、地球に生命体が発生したのは約40億年前。その地球ができたのは約46億年前だとか。宇宙にいたっては137億年以上前らしい。地球は１年かけて太陽のまわりを一周し、太陽系は銀河系を2億2千万年かけて一周するのだという。何と気の遠くなる数字である。

　若くして事をなす人を人は天才と呼ぶが、人には種の起源以来の情報がDNAにすりこまれており、生まれてから得た情報ばかりで構成されているわけではないはずだ。コンピュータが世に出てまだ70年足らず、数百万年の人類の歴史からすりこまれた五感の情報とではその質や量は比ぶべくもない。今のコンピュータ・ネットワーク社会を否定するものではないけれど、人類が積み重ねてきた感覚を信じ、五感を動かして自分自身に問いかけないと思い起こせないのではないか。奇をてらうものよりも必然として生まれたものこそ、これからの人類に必要なものではないか。そのために今の社会が歩んできた道を、五感を生かしてしっかりと見据える必要があると思う。

　このU-30が、展覧会のための展覧会とならぬよう、特殊な人達にしか理解できないようなものにならぬよう、かといってポピュリズムに迎合することのない野心的な展覧会となるよう祈っている。それも若さゆえできる無限の可能性の一つなのだから。

開催にあたって

本展の企画をはじめた2010年当初は、NPOがはじめて関わった初年度だったこともあり、単年度のみ企画の予定で、積極的な活動ができずにいました。むしろ、初めての開催という試みにこだわり、何としても良い展覧会にしたいと出展者と共に必死でした。しかし、これまで経験されなかったことだらけの中で生まれてくる斬新な発想力と人によって異なる空間のおりなす緊張感ある展示は、予想もしなかった程に、来場いただいた皆様からの共感をいただき、予想以上に大きな反響を呼びました。

そして昨年同展、さらに遡って…

は、将来の可能性が最も大きく、これからの時代を牽引…
のではないでしょうか。

本年は、昨年から引き続き出展する3組（海法圭、増…
て、残りの4枠を公募で募集することにしました。昨年に…
いただき、選考に大変難航し…3公募という…
（久保秀朗、小松一…
示してくれるものと大…

2011年3月

として大いに期待できる

克亘、米澤隆)に加え

の高い、多くの応募を

いて出展を決めた4組

新しい建築の可能性を

あとがき ｜ 開催の軌跡（3年間の出展者をふりかえって）
平沼孝啓（建築家）

　3年目を迎えることができたこの展覧会を通じて、U30 という建築家になったばかりの若い世代に何を期待したのかを考えていた。僕の彼らへ対する正直な気持ちは、10 年という年齢差は上に対しても、下に対してもそんなに大きくあるとは思わないし、出展者の人に嫌がられてしまうかもしれないけど、それほどの感覚のズレを感じているつもりはない。それでも今年なら、もう 10 歳以上ははなれてしまっているので、同世代だなんていうと、もう厚かましいし、むしろ、ちょっとした兄貴分になった気分で取り組んでいたように思っている。

　この 3 回の開催で、延べ 21 組の出展者と共に展覧会を開催することができたのだが、はじめての頃は、どうしても「世代」という面的な視野で、出展作品をみていたように今となれば思う所がある。上から目線で見ていたという意識はないが、何か、自分の中で負けたくない思いのようなものがあって無意識に出ていたのかもしれない。でもこんなことに気づかせてもらえたこと事態、きっと、この出展者たちから多くのことを学んだように僕も今、感じているし、来場された人たちは、もうとっくに彼らのそんな個性を感じはじめているのではないだろうか。

　ヨーロッパで建築を学んでいた 20 代の頃、日本人だというと、同じような建築学生からこんな話題を投げかけられた。磯崎さんをはじめとする現代日本の建築家の多くは、海外で活躍されてきたし、この活躍の場は、今も伊東さんや妹島さんが受け継ぎ、拡大し続けている。そしてなぜ日本の建築家が世界で活躍できるのかという見解を聞かされるのだ。ひとつは、これまでスクラップアンドビルドを繰り返してきた日本の建築事情のおかげで、仕事に恵まれやすい土壌があった。実際に仕事があるかに関わらず、そんな気風から、独立するという勇気を持つチャンスが早く巡ってくるのだという。そのため、ヨーロッパの建築家よりも 10 年ほど早く、30 歳前後に多くの建築家は独立をしているというのだ。自分がこの年齢の頃にはあまり意識をしていなかったが、確かに、ここに出展している U30 の建築家はもちろんのこと、自分と同世代の建築家の多くの人たちをみていても、遅くとも 30 歳前半には独立を果たしている。そしてこの若い頃に独立という名の孤立をして、社会という集団から拒否されるという厳しさに直面しているからこそ、後に洗練された建築家へと育

つ可能性をもつのだというのだ。幸運にも、留学中の見知らぬ僕に住宅の依頼をしてくださった本当に勇気のあるクライアントに恵まれたおかげで、27歳の頃に事務所をつくってしまったのだが、独立への意識をあまり持たなかった僕には何の文脈もなかったように感じているし、そのことが最も重要だったように、今も思えていない。ただ、1人の設計者としての責任をもつという自覚だけは、早い段階から身につけられたのだと思うし、設計する≒「決定する」という潔さのようなものだけは、この頃に培われたものかもしれないと思い返すこともある。

　しかしである。このことを思い出しながら、出展者よりももっと若い、今の学生である20代前半の人たちをみていると、悪い言い方をすれば未熟でもあるし、良い言い方をすると、まだまだ可能性を秘めたまま、大人になりきれないでいるようにも思う。その可能性に思う所は、長寿国になった日本において、これまでの寿命よりも、もしかすると10年以上も長く生きている可能性があると僕はおもっているからだ。つまりもしかすると、僕たちや、そしてこれからのもっと若い世代の人生の長さが変わってくるのなら、今、世界の建築家で最も活躍する中心の年齢が70歳代〜80歳代とすると、これが、80歳〜90歳代となっていくということになる。そう思えば、まだまだ大人ぶったそぶりで、建築思想を確定していかなくても、迷う時間がたっぷりとあるような側面も持ち合わせているように思うのだ。

　出展した建築家たちは、諸先輩の前という日頃とは違った緊張感のなかで、今までに経験したことのないような数々の大きな迷いに直面しながら、実現したことに感心しているし、最後まで（今もきっと）悩みながらその展示の表現を決め、信念を貫いたことに対して敬意を表したい。また、この小さな展覧会への参加を通じて考えを発表していくことで、どうしても閉鎖的になってしまう独立したての時期に、多くの批評を受けることでで、自分の論理がどんどん研ぎ澄まされていくような体験や、そのことをきっかけに、自分が建築家として進歩する貴重な感覚を体験してもらいたいと思っている。そして、自分が提案する建築と、社会と自然という場所が相互に関連し合ってできあがる空間の存在意義を再認識するとともに、その提案する環境を永続的に残していくための保存方法と継続を担った新しくも発展的なつくり方を深く追求してもらいたい。そうしてできあがる豊かな空間を持つ、この先の建築の原点に、僕は期待しないわけがない。

　　　　　　　　　　（展覧会の設営が終わったあとに。　大阪にて）

U-30 展覧会 オペレーションブック 2012

展覧会開催記念限定本

発行日	2012年9月1日（初版 第1版発行）
会　期	2012年9月7日(金) − 10月6日(土)
会　場	ODPギャラリー (大阪・南港 ATC)
執　筆	海法圭　久保秀朗　小松一平　関野らん
	能作文徳　能作淳平　増田信吾　大坪克亘　米澤隆
	五十嵐太郎　五十嵐淳　倉方俊輔　谷尻誠　平田晃久
	平沼孝啓　藤本壮介
	木原幹夫　森田俊作
	伊東豊雄

発　行	特定非営利活動法人アートアンドアーキテクトフェスタ
制作・編集	村松雄寛 (株式会社平沼孝啓建築研究所)
印刷・製本	株式会社グラフィック
撮影・写真	繁田諭 (株式会社ナカサアンドパートナーズ)

© 2012　AAF　Art & Architect Festa, Printed in Japan.